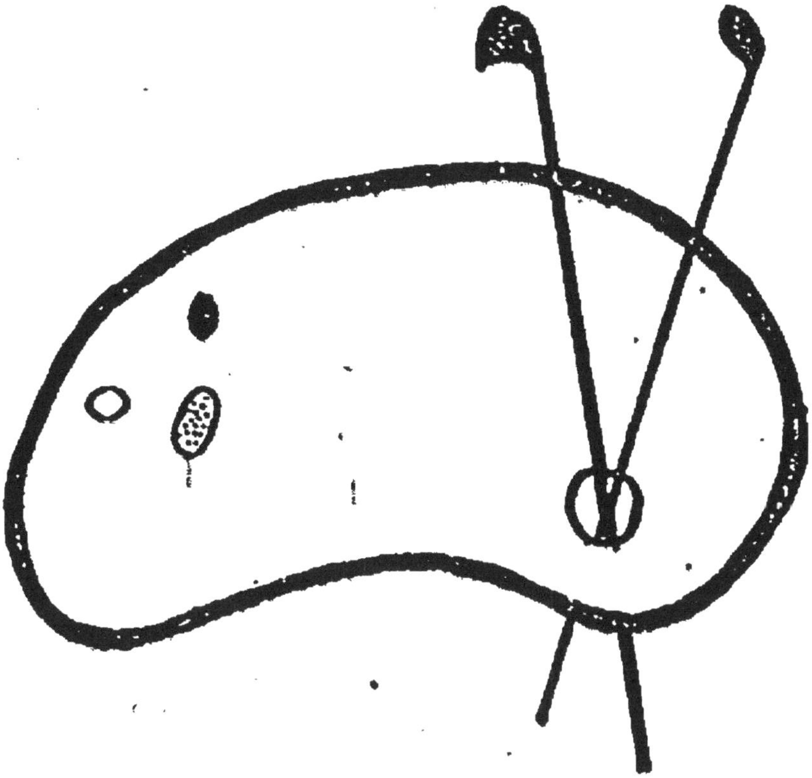

COLLECTION DE LA PRESSE MAROCAINE ASSOCIÉE

LAPEYRE et E. MARCHAND

Casablanca
La Chaouïa

Débarquement du Sultan.

PARIS
ÉMILE LAROSE, LIBRAIRE-ÉDITEUR
11, RUE VICTOR-COUSIN, 11
1918

A LA MÊME LIBRAIRIE

Ouvrages sur le Maroc

Rapport général sur la situation du protectorat du Maroc au 31 juillet 1914 dressé par les services de la Résidence générale sous la direction du général LYAUTEY, in-8 avec graphiques et cartes. 5 fr.

La Place de Mazagan sous la domination portugaise 1503-1769, par J. GOULVEN, sous-chef de bureau des Services civils de l'Empire Chérifien. 1917, in-18 avec 33 reprod. photog. . . . . 4 fr.

Le Cercle des Doukkala au point de vue économique, par J. GOULVEN, sous chef de bureau des Services civils de l'Empire Chérifien. 1917, in-8 avec reprod. photog. et 3 cartes . . . . 10 fr.

Rabat. Les débuts d'une municipalité au Maroc, par R. NORMAND, capitaine du Génie. 1914, avec cartes et fig. . . . . . 2 fr.

La Politique Allemande au Maroc. Conférence faite à l'Hôtel des Sociétés Savantes le 8 novembre 1915 par Etienne RICHET, professeur au Collège libre des Sciences Sociales. 1917, in-16 . 1 fr.

Le long des pistes Moghrébines (voyage au Maroc, par Mme REYNOLDE LADREIT DE LACHARRIÈRE, préface du marquis DE SEGONZAC (1913), in-12 avec gravures et carte . . . . 4 fr.

Etude sur l'organisation financière de l'Empire Marocain, par TALEB ABDESSELEM, docteur en droit, avocat à Orléansville (1911), in-8. 5 fr.

L'Œuvre française en Chaouïa, par LADREIT DE LACHARRIÈRE, secrétaire général adjoint du Comité du Maroc. in-16 . . . . . . 3 fr.

Le Programme de la France au Maroc, L'Organisation du protectorat. les affaires du Maroc, par COUILLIAUX, ancien élève de l'Ecole Polytechnique, 1912, in-8 . . . . 7 fr. 50

Les Intérêts de la France au Maroc, par Georges JARY, avocat à la Cour d'appel, avec une carte du Maroc (1911), in-12 . . 3 fr. 50

Le Regime financier du Maroc, par Jean COLOMB docteur en droit in-8 1914. . . . . 6 fr.

LAVAL. — IMPRIMERIE L. BARNÉOUD ET Cie.

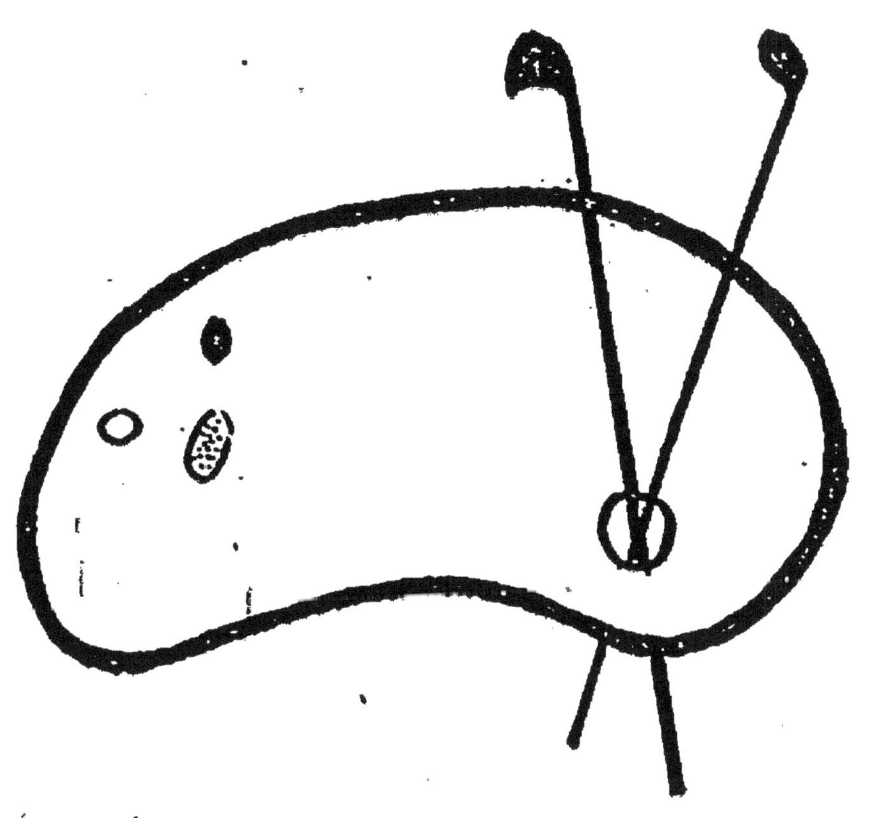

FIN D'UNE SERIE DE DOCUMENTS
EN COULEUR

Casablanca
La Chaouïa

COLLECTION DE LA PRESSE MAROCAINE ASSOCIÉE

LAPEYRE et E. MARCHAND

Casablanca
La Chaouïa

Préface de Mr JEAN HERSENT

Avec 27 reproductions photographiques

PARIS
ÉMILE LAROSE, LIBRAIRE-ÉDITEUR
11, RUE VICTOR-COUSIN, 11

1918

PRÉFACE

Voici un petit livre qui vient à son heure.

Bien que de proportions modestes, car ses auteurs ont eu le légitime souci d'éviter toute digression superflue, il rendra un incontestable service : faire connaître du grand public, en une langue ferme et concise, à l'aide de statistiques et de chiffres assez heureusement disposés pour ne rebuter personne, une des plus riches régions de notre Maroc, celle des Chaouïa, dont Casablanca est la capitale florissante et prestigieuse.

Que n'évoque pas, en ces heures tragiques, à l'esprit de tout Français, le seul nom du Maroc ! Partie intégrante du bloc compact de notre Afrique du Nord, terre d'Afrique arrosée du sang de tant de nos soldats, récélant dans son sol et son sous-sol des richesses quasiment illimitées ; comment le Maroc, qui fut une des causes lointaines mais certaines de la lutte mondiale, et qui demeure, par l'aide qu'il donne à la métropole, un des gages de notre victoire, ne deviendrait-il pas, après la guerre, un centre d'attraction, aux portes de la France, pour toutes les énergies décidées à coopérer au relèvement économique du pays ?

Définitivement placé sous le Protectorat de la République Française, presque entièrement pacifié grâce à la vaillance et à l'habileté du corps d'occupation, l'Empire Chérifien offre désormais un champ d'action immense à l'esprit d'initiative de nos industriels, de nos commerçants, de nos agriculteurs.

Quoique déjà bien connue des colons dans ses grandes lignes, la région des Chaouïa méritait d'être décrite en détail aux intéressés, notamment au point de vue économique. A cet égard, l'ouvrage de MM. Lapeyre et Marchand répond pleinement à un besoin, car il contient les renseignements les plus précieux sur la nature du sol, le mode d'exploitation des terres, la culture, l'élevage, les ressources minérales, les matériaux de construction, la main-d'œuvre européenne et indigène, les impôts, les monnaies, l'organisation du crédit, les voies de communication par terre et par fer, etc.

Et de quel intérêt ne sera pas, pour le lecteur,

l'histoire de la « Ville Blanche », de ce Casablanca dont le développement, d'une rapidité inouïe, tient du prodige et ramène la pensée vers les villes du Far West américain, de Casablanca qui, en 1907, ne comptait qu'une population de 30.000 âmes, dont 900 Européens, et qui, sept ans plus tard, groupait 81.650 habitants, non compris la garnison, parmi lesquels 37.150 Européens, dont 20.000 étaient Français. De Casablanca, dont le front de mer s'étend sur une longueur de huit kilomètres et une profondeur de trois, dont la superficie couvre 2.450 hectares, qui compte 5.840 maisons, qui a vu son commerce total, exportations et importations, passer de 25 millions de francs en 1910 à 79 millions en 1913. De Casablanca, cité amoureuse de travail et d'entreprise, débordante d'activité et de vie, capitale commerciale et maritime déjà européenne d'allure, où l'élégance française s'allie à la simplicité arabe, où hôtels, cafés, restaurants, théâtres, concerts, cinémas ont surgi comme par enchantement, où sur la vaste place de France autobus, fiacres, autos, tramways se croiseront tumultueusement sous le ciel lumineux d'Afrique. Casablanca est le témoin vivant de notre génie colonisateur, du ressort et de l'esprit d'entreprise d'une race dont les qualités ancestrales ne se démentent pas.

Casablanca, c'est la synthèse de l'œuvre des représentants de la France au Maroc.

Certes, si la multitude des réformes introduites par nos agents a pu être réalisée en si peu de temps, il faut en savoir gré à S. M. le Sultan Moulay Youssef et à son fidèle grand-vizir; Si Mohamed El Mokri, à qui les qualités de fin diplomate et d'habile administrateur ont conquis l'estime générale ; à Ben Ghabrit, chef du service du protocole et de la chancellerie, un des plus zélés et des plus éclairés amis de la France ; à M. Gaillard, secrétaire général du Gouvernement Chérifien, un des hommes qui connait le mieux le Maroc ; à Si El Hadj Omar Tazi, Pacha de Casablanca ; à M. Collieaux, chef des services municipaux et vice-président de la Commission municipale de Casablanca.

Mais chacun sait que le véritable artisan de la pénétration française au Maroc, du développement économique de l'Empire Chérifien, le champion de la plus grande France africaine, c'est le

Général Lyautey, Commissaire Résident Général de la République et Commandant en chef du Corps d'occupation. Brillant soldat colonial qui fit ses preuves d'Algérie en Indochine, d'Indochine à Madagascar et de Madagascar en Afrique du Nord ; écrivain militaire complet, que l'Académie s'honore d'avoir attiré à elle ; administrateur intègre et vigilant, dont le trop court passage au Ministère de la Guerre a été marqué par de sages mesures, Lyautey est vraiment le créateur du Maroc Français, son initiateur à la civilisation. De ce fait, il a droit à la reconnaissance de la nation toute entière.

Le Général Lyautey a su d'ailleurs s'entourer d'une élite de collaborateurs, dont nous tenons à rappeler les noms ici, car il est juste que la France sache à qui elle est redevable du rapide développement de son nouvel empire.

C'est M. l'Intendant Général Lallier du Coudray, Secrétaire général du Protectorat, et M. le Consul de Sorbier de Pougnadoresse, Secrétaire général adjoint et Chef du cabinet diplomatique. C'est M. Delure, Inspecteur général des Ponts et Chaussées, à qui est échu le redoutable et pesant honneur d'organiser les travaux publics dans un pays plus grand que la France, où, il y a à peine quelques années, n'existaient même pas de routes.

L'éminent ingénieur a su créer de toutes pièces un réseau de routes impériales et secondaires; il a tracé un vaste programme de chemins de fer à voie normale et de tramways en cours de réalisation sans négliger pour cela la construction des ports, en particulier de celui de Casablanca. C'est, pour une large part, au talent et à l'énergie du Directeur Général des Travaux Publics, que le Maroc devra son rapide essor économique.

M. Mallet, Directeur de l'Agriculture, du Commerce et de la Colonisation, par ses savantes études sur la culture et l'élevage au Maroc, par sa claire vision des intérêts commerciaux et industriels du pays a, lui aussi, bien mérité de la patrie. Nous ne saurions omettre de citer auprès de ce haut fonctionnaire, M. René Leclercq, Chef du service des Etudes Economiques ; M. le Vétérinaire principal Monod, Chef du service de l'Elevage et M. l'Inspecteur Boudy, Chef du service des Eaux et Forêts, qui jouent un rôle des plus utile dans la mise en valeur du territoire moghrabite.

M. Berge, premier Président et Landry, Procureur Général de la Cour d'Appel de Rabat, ont été les véritables créateurs de la justice française au Maroc, dont l'organisation particulièrement délicate rend d'inestimables services à notre cause et à la civilisation.

MM. Gallut et de Fabry, prédécesseurs de M. l'Inspecteur Pietri à la Direction Générale des Finances ont laissé, à leur départ, des regrets unanimes parmi la colonie française ; MM. Berti, Commissaire Général des Foires au Maroc dont le nom évoque avec celui de son collaborateur M. Luret, les succès retentissants des manifestations économiques à l'Exposition de Casablanca et aux Foires de Fez et Rabat ; M. Walter, Directeur de l'Office des Postes et des Télégraphes ; M. de Chavigny, Chef du Service des Domaines ; M. Maurice Tranchant de Lunel, Chef du Service des Antiquités, des Beaux-Arts et des monuments historiques ; M. Roussel, Chef du Service de la conservation de la propriété foncière ; M. Loth, Directeur des Services de l'Instruction Publique ; M. Braun, Inspecteur Général du Service de Santé donnent à la direction de leur département respectif le meilleur de leur intelligence, de leur habilité et de leur compétence.

Enfin il serait injuste de ne pas rendre ici un juste tribut d'hommages aux pionniers « civils » de la colonisation française au Maroc : nous avons nommé MM. Henri Amieux, Président de la Chambre d'Agriculture ; Guernier, Président de la Chambre de Commerce de Casablanca ; Randet, Président de la Société d'Horticulture du Maroc ; Bourotte, Cotte, Guyot, colons et enfin le Général Calmel, Commandant la Subdivision, Président du Comité des Etudes Economiques de Casablanca.

En pleine guerre mondiale, le zèle éclairé de tous ces bons Français a fait du Maroc, ce qu'il est : le plus beau fleuron du génie colonial de la France.

JEAN HERSENT.

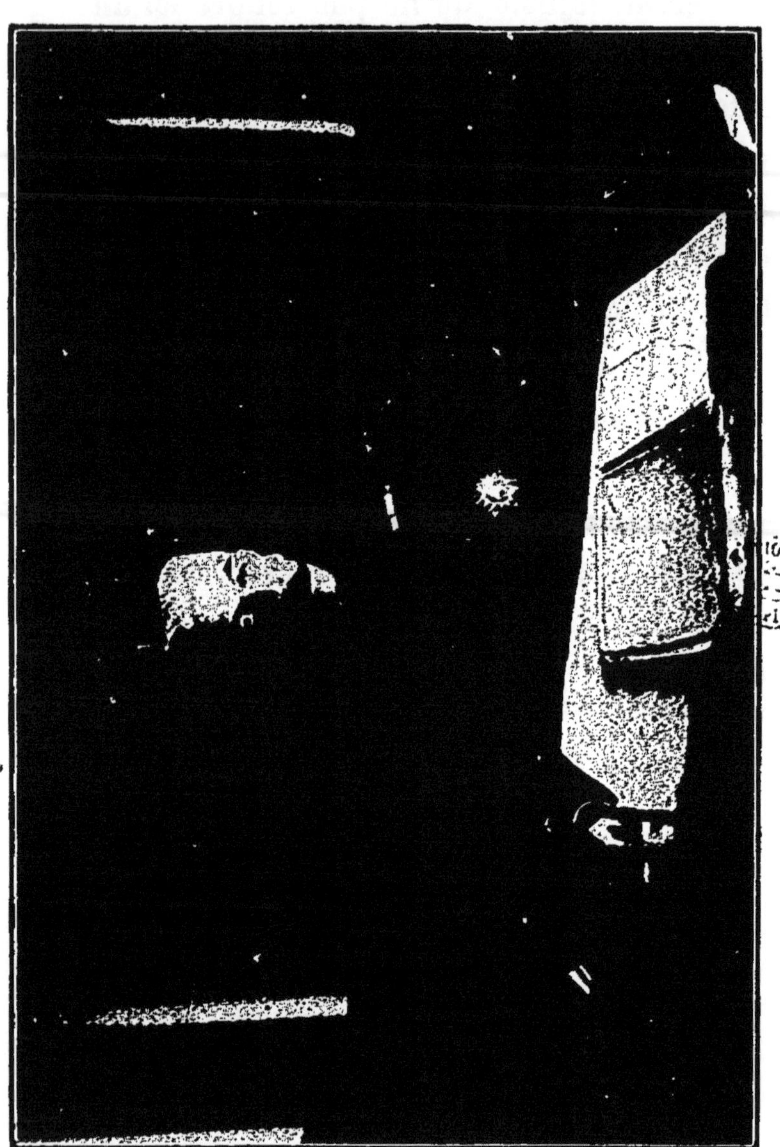

Photo Henri Manuel

Fig. 1. — Le Général Lyautey
Résident général de la République Française au Maroc.

NOTICE HISTORIQUE

Les historiens indiquent que les premiers essais de pénétration au Maroc remontent à l'époque des Phéniciens et des Romains qui, seuls, laissèrent des traces de leur génie colonisateur. Les ruines superbes de l'importante cité romaine de Volubilis, près Meknes, en plein Maroc, aux fouilles desquelles est employée, actuellement, la main-d'œuvre des prisonniers de guerre allemands, attestent en même temps la puissance de l'effort sans lendemain et justifient l'opinion que le Maroc ne fut jamais colonisé.

L'histoire de l'empire chérifien se ferme sur des périodes englobant plusieurs siècles. C'est à grand peine que sont parvenus jusqu'à nous les légendaires spasmes des révolutions qui précédèrent l'envahissement de son propre territoire en l'an 681 de notre ère par les tribus barbares chassées d'Arabie.

Après avoir envahi le Maroc, les Maures commencèrent la conquête de l'Espagne en 711. Pénétrant dans les Gaules, les Sarrasins (arabes-berbères) parvenaient jusqu'à Poitiers (732) où Charles-Martel leur infligea une sanglante défaite, mais l'empire Omniadé était fondé.

Les Edrissites (788-990), les Zenata (990-1051), les Almoraides (1051-1130) gouvernèrent le Maroc et les provinces espagnoles. Ce fut sous la dynastie des Almohad (1130-1269) et le règne des An-Nâsir que se livra la bataille de « las Navas de Tolosa » (1212), défaite qui marqua le déclin de la puissance musulmane.

La dynastie des Mérinides régna de 1269 à 1551 résistant sur le sol espagnol aux efforts des coalisés européens. Déjà, en 1415, les Portugais s'emparèrent de Ceuta et en 1492 les Espagnols prirent Grenade chassant définitivement les Maures et s'apprêtant à leur tour à devenir envahisseurs. Pendant cette période de cinq siècles d'occupation, les Maures laissèrent en Espagne et au Maroc des monuments qui ont résisté à l'injure du temps : on doit citer les trois tours, la Giralda à Séville, la tour Hassan à Rabat, la Koutoubiya à Marrakech. Ils excellèrent dans les arts, la littérature, la médecine, etc. ; ils furent tour à tour agronomes, constructeurs et les travaux d'aménagement des eaux laissés par eux peuvent servir de modèle. Après cette grande épopée, cette race comme épuisée par l'effort soutenu pendant cinq siècles ne donna plus signe d'activité artistique ou industrielle et ne construisit au Maroc aucun monument digne de son glorieux passé. Les pages de son histoire restent fermées au progrès et ne relatent que révolutions sanglantes, luttes, pillages, intrigues, assassinats.

Cependant, en 1468, l'audace des pirates sortis de l'anse d'Anfa, aujourd'hui Casablanca, provoqua une expédition portugaise très importante pour l'époque (50 navires, 10.000 hommes) qui détruisit la ville d'Anfa de fond en comble. Une nouvelle expédition, nécessitée probablement par les mêmes motifs, eut lieu en 1575.

Ce ne fut qu'à la fin du XVIIIe siècle que le gouvernement des Sultans semble refléter une politique traditionnaliste. L'Empire Chérifien sort de son isolement farouche et ouvre des relations avec les Etats européens.

L'année 1767 marque l'*origine de la protection* et des *immunités accordées aux Européens.*

Au XIXe siècle, le Maroc, loin de bénéficier de la civilisation occidentale, vit s'ouvrir une ère de guerre et d'expéditions (conquête de l'Algérie, bataille de l'Isly, guerre du Rif avec les Espagnols) qui aboutit au traité de Tétouan (1860) et à la Conférence de Madrid (1880).

A dater de cette époque, l'Empire Chérifien deviendra en quelque sorte une *puissance internationalisée.*

Les Etats Européens feront assaut de rivalités, l'autorité du Sultan sera méconnue, le *bled es Siba* (pays insoumis) s'accroîtra, alors que le *bled Maghksen* (pays administré) décroîtra.

Le Maroc est en pleine anarchie ; les incidents se succèdent, se pressent ! L'Empereur allemand débarque à Tanger, et le *Panther* croise devant Agadir.

Ces faits sont présents à la mémoire de tous les Français !

Au lendemain de l'acte d'Algésiras, 1906, les événements obligèrent la France à occuper Oudjda et Casablanca, 1907.

En 1911, l'Espagne et l'Allemagne se désistèrent de leurs prétentions moyennant compensations et, pendant l'année 1912, le 30 mars, le traité de Protectorat fut signé par le Sultan Moulay Hafid.

Au mois d'août de la même année, Moulay Hafid abdique en faveur de son frère, Moulay Youssef qui, avec le consentement du Gouvernement Français fut proclamé Sultan dans la ville sainte de Rabat, où il est placé en contact étroit avec la Résidence Générale. Il sortira de cette collaboration sincère un Maroc pacifié, appelé au plus grand avenir.

Cette rapide incursion à travers l'histoire séculaire du Maroc paraissait utile pour fixer les souvenirs avant d'aborder l'étude économique de la riche région des Chaouïa dont Casablanca est la capitale florissante et prospère.

Quelle que soit l'aridité de la lecture des données qui suivront, nous n'avons pas hésité à les reproduire afin d'en dégager une conclusion qui s'imposera sans autres commentaires.

Photo Schmitt

Fig. 2. — Le Résident général et S. M. Moulay Youssef.

Fig. 3. — Si Kadour Ben Gabrit Chef du Protocole Chérifien.

CHAPITRE PREMIER

RÉGION DES CHAOUÏA

NOTICE ÉCONOMIQUE

La superficie territoriale du Maroc est de : 565.300 kilomètres carrés.

La Chaouïa forme une partie des grandes plaines atlantiques qui s'étendent depuis la côte jusqu'au pied des contreforts de l'Atlas.

La région des Chaouïa couvre une étendue de 12.500 kilomètres carrés, soit 1.250.000 hectares.

Administrativement elle est composée des contrôles civils de :

Casablanca-banlieue 136.000 hectares, Boulhaut, 100.000 hectares, Boucheron 100.000 hectares, Ber-Rechid 120.000 hectares, Settat 200.000 hectares, Ben Ahmed 190.000 hectares, El Boroudj 200.000 hectares, Ouled Saïd 200.000 hectares.

Soit une surface de 1.250.000 hectares dont 575.000 hectares sont cultivés, soit 46 0/0.

Sources. Fleuves. — Ces territoires sont arrosés par des fleuves, « oueds » qui viennent se jeter dans l'Océan Atlantique. Ce sont : l'oued Cherrat, l'oued Neffifik, l'oued Mellah, l'Oum-er-Rebia.

Des sources nombreuses, tarissant rarement, naissent dans les plaines des tirs et les failles du plateau crétacé de Settat.

Une nappe aquifère souterraine, profonde en général de 5 à 20 mètres, atteignant 40 mètres à El Boroudj, alimente les nombreux puits disséminés dans la région.

Ces masses d'eau contribuent à atténuer en Chaouïa les effets de la sécheresse si redoutable dans nos possessions de l'Afrique du Nord.

Les Chaouïa, situées entre la mer et les premiers contreforts de l'Atlas, appartiennent au climat atlantique. Les pluies sont d'abondance variable ; dans la région de Casablanca-banlieue il tombe en moyenne 341 mm. d'eau.

La température moyenne varie de 9° à 17° en hiver et de 22° à 31°5 en été.

Population. — Dans la région des Chaouïa vit

une *population indigène* de 220.000 habitants non compris les indigènes de Casablanca. Ce sont des agriculteurs laborieux ou pasteurs attachés au sol qui les nourrit. Cette population se répartit comme suit :

Altitude	(17)	Fedhala-Casablanca-banlieue	23.200
»	(233)	Ber Rechid	18.344
»	(370)	Settat	21.032
»	(300)	Boulhaut	16.000
»	(360)	Boucheron	35.525
»	(600)	Ben Ahmed	48.050
»	(400)	El Boroudj	16.039
»	(320)	Ouled Said	41.880
		Total	220.070

Ces indigènes se réunissent en agglomérations peu importantes comprenant trois, quatre ou cinq tentes et noualas groupées à leur tour en douars. Peu ou point de fermes bâties, mais seulement des gottas plus ou moins vastes avec fossé d'enceinte pour protéger les troupeaux la nuit.

A titre documentaire, nous donnons le tableau démographique de cette population et sa répartition sous les tentes d'après les renseignements recueillis par les officiers du Service des Renseignements.

Tentes	Hommes	Femmes	Enfants
5.692	7.818	8.343	8.693
5.000	7 740	8.220	7.040
2.702	3.218	4.101	3.198
7.232	10.880	12.800	12.350
5.894	7.825	9.196	11.516
10.330	14.500	15.200	11.500
4.000	6.000	6.600	6.400
3.700	4.700	5.200	4.800
45.570	55.681	69.660	65.497

La comparaison des chiffres indiquant la proportion du nombre entre les sexes et la natalité constitue la preuve que ces populations laborieuses et braves ne sauraient disparaître. Le sol marocain sera toujours cultivé, prospère, assurant au commerce, à l'industrie casablancaise un inépuisable débouché. Le vide momentané laissé par les nombreux soldats marocains venus en France se battre avec nous côte à côte, sera rapidement comblé et le souvenir des hauts faits de ces héros racontés le soir sous la tente conservera, parmi les générations futures de cette race essentiellement assimilable, la tradition du respect au plus brave et au plus juste, faisant ainsi aimer la France.

STRUCTURE GÉOLOGIQUE DES CHAOUÏA. — La région des Chaouïa et les régions voisines constituent ce que l'on appelle la « Meseta marocaine » à cause de leur analogie avec le plateau Central espagnol ou Meseta ibérique.

Cette Meseta marocaine, dit M. Gentil, laisse affleurer les *terrains primaires* partout où sa couverture *secondaire ou tertiaire* a été enlevée.

Le *substratum* des terrains primaires, très pliés et relevés, supporte des couches horizontales appartenant à diverses époques plus récentes. Ces dépôts horizontaux usés par l'eau ont laissé reparaître en certains endroits les roches anciennes.

Les terrains primaires atteignent le littoral en

plusieurs points, entre autres dans la rade de Casablanca, où leurs *strates* redressés et arrasés font à la côte une frange rocheuse large de 100 à 150 mètres à marée basse, et en grande partie recouverte par la pleine mer. Aux deux extrémités de la rade, ils s'avancent dans la mer sous forme de récifs et d'écueils.

Ces *schistes gréseux* sont recouverts par des grès coquillers à peu près horizontaux qui n'atteignent auprès de la ville que de faibles altitudes et ont été déposés à une époque récente, tertiaire ou même quaternaire.

Au-dessus encore, se montrent des sables représentant une *dune ancienne* actuellement fixée, notamment à *El Hank*.

Entre Fedhala et Casablanca on a signalé des quartzites et des schistes gris. Dans la région de Bouznika on rencontre des schistes lustrés traversés de filons de quartz ; au-dessus apparaît le pliocène formé de poudingues et de molasse coquillière.

A la kasbah de Mansouria le pliocène n'est plus représenté que par les poudingues de la base. Les affleurements de schistes et de quartzites, nombreux dans l'intérieur, forment des îlots rocheux, incultes, arrasés au niveau de la plaine, ou des arêtes déchiquetées émergeant des bancs horizontaux des sédiments tertiaires. Ces affleurements sont surtout nombreux dans la partie occidentale du plateau inférieur.

La terminologie indigène caractérise ces Sokkarts et autres saillies des roches primitives en leur appliquant le nom de *El a dam* (les os) quand les schistes et les quartzites *sont à nu*.

Quand le sol est jonché de débris de pierres ou de cailloux, graviers provenant de la décomposition des poudingues on l'appelle *Blad-Harcha*.

La carapace qui recouvre le squelette calcaire est le M'qart.

Là où il n'existe ni *Blad-Harcha* ni *M'qart* les cuvettes bas-fonds et plaines compris entre les *A-dam* appartiennent soit au *Remel* soit au *Tirs*.

Le Remel est le sable calcaire, blanc rougeâtre, qui dans le *Sahel* (rivage côtier) couvre de vastes espaces avec, parfois, une couche de calcaire de *M'qart*.

C'est le cas de Casablanca où l'on rencontre un plateau sableux La formation de cette couche est due à l'évaporation des eaux du sous-sol par capillarité. Elles déposent le calcaire tenu en dissolution et il se produit, en surface, une calcification intense que les pluies d'hiver ne peuvent combattre efficacement.

Terrains de culture. — On distingue plusieurs sortes de terres cultivables. Parmi les plus fertiles sont compris : les Tirs, les hameri et les remel.

Les Tirs, terres argilo-calcaires, sont par excellence des terrains granifères.

Ces terres ont l'avantage, grâce à leur proportion élevée d'humus, de garder l'humidité en climat chaud.

Les Tirs de la Chaouïa commencent à 10 kilomètres du rivage et s'enfoncent jusqu'à 100 kilomètres à l'intérieur ; ils occupent environ 20.000 hectares.

Les hameri sont constitués par une terre sableuse et rouge. Ils auraient la même origine que les Tirs (*res subjudice*...). Les différences au point de vue minéralogique sont dues aux conditions du relief du sol, du climat qui ont favorisé plus ou moins le dépôt des matières humiques dans les terrains de désagrégation.

Les hameri couvriraient en Chaouïa environ 35.000 hectares. Avant l'arrivée des colons français, les Arabes ne cultivaient que les fertiles Tirs, et réservaient les hameri aux pâturages.

Il en était de même pour les remel, terres sableuses localisées sur le littoral, *Sahel*, et suffisamment riches en phosphate de chaux pour donner des terres fertilisables.

Les hameri, les remel, sont de plus en plus défrichées au fur et à mesure que les capitaux européens viennent fournir les moyens de développer le mouvement agricole.

MODES D'EXPLOITATION DES TERRAINS. — Le Maroc est un champ ouvert à toutes les initiatives ; il n'est pas douteux que les cultures, industriellement organisées, n'appellent l'attention des capitalistes européens.

Il y a deux modes d'exploitation des terres utilisables : l'association, l'exploitation directe.

1° *Association.* — L'association qui consiste à avancer à l'indigène les capitaux moyennant la moitié du produit de la récolte, c'est la méthode dite *Chérif*.

Le système du *khoms ou cinquième*. L'indigène,

le *kammès*, fournit son travail et pour sa peine il est nourri ou reçoit un salaire et touche le *cinquième de la récolte*. En pratique, les systèmes d'association sont très nombreux et les résultats varient dans une large proportion suivant la richesse des terrains. Cependant, il est courant d'estimer le rendement moyen d'une entreprise agricole bien menée à 15 ou 20 0/0 du capital engagé.

2° *Exploitation directe.* — L'exploitation directe est moins préconisée que les précédentes méthodes car il faut *acheter des terres* et faire travailler les indigènes sous *sa direction personnelle* ou *s'associer avec eux*. Les colons européens qui ont procédé ainsi ont éprouvé au début de réelles difficultés ; mais la constance dans l'effort, la puissance des capitaux pratiquement utilisés ont donné des résultats encourageants, ce qui permet de préjuger d'un avenir agricole prospère. On estime à 10.000 francs le capital indispensable pour l'achat et la culture de 20 hectares et à 30.000 fr. la somme indispensable pour 50 hectares. L'expérience a prouvé que le bénéfice à attendre peut être estimé de 15 à 20 0/0 du capital engagé.

IMPÔTS. — Les exploitations agricoles sont frappées d'un impôt, dit *Tertib*, qui pèse sur les cultures annuelles, maratchères ou industrielles.

Les cultures fourragères sont imposées proportionnellement à la superficie ensemencée et au rendement de la récolte.

Les arbres fruitiers sont taxés sur mode d'assiette et de tarifs non encore très précis.

Tous les produits agricoles destinés à l'exportation sont assujettis à un droit de Douane *dit de Sortie.*

ACQUISITION DE TERRAINS. — L'acquisition *directe* des terres indigènes par les Européens s'effectue suivant de nombreuses et longues formalités : Examen des titres de propriété par le *Cadi*, bornage du terrain et acte en présence des *Adouls* (notaires indigènes), légalisation, etc., etc.

Ces négociations sont lentes, pénibles, l'authenticité des titres de propriété est souvent contestée. Nombreux sont les procès dont il est impossible de voir la fin. Aussi pour garantir la stabilité des acquisitions, favoriser le crédit immobilier, le Gouvernement Chérifien a-t-il, par dahir du 12 août 1913, institué le régime de l'*immatri-*

culation obligatoire de tous les terrains au Maroc. Cette excellente mesure a déjà donné les meilleurs résultats et les capitaux pourront en toute sécurité se porter sur l'achat des terrains et la culture intensive de ces terres riches et fécondes.

CULTURE. — La culture des céréales est la base de la production agricole.

En 1914-1915 on a ensemencé en Chaouïa :

210.610 hectares d'orge, 133.000 hectares de blé, 27.000 hectares de maïs.

On estime le rendement annuel :

Pour l'orge 10 à 12 0/0 au quintal, pour le blé 6 à 8 0/0 au quintal, pour le maïs 6 0/0.

La charrue arabe est, pour ainsi dire, la seule employée et on obtiendra de meilleurs rendements avec la charrue française. Il faudra tenir compte de l'épaisseur de la couche végétale de chaque nature de terrain, sélectionner les graines-mères et surtout procéder à l'aménagement des eaux, irriguer, assainir les terrains, leur donner les engrais utiles, procéder, en un mot, suivant les méthodes scientifiques consacrées par l'expérience.

Après l'orge, le blé, le maïs, les graines les plus cultivées en Chaouïa sont :

La graine de lin, 39.200 hectares. Rendement pour 1 quintal : 10 0/0.

Les pois chiches, 23.000 hectares. Rendement pour 1 quintal : 4 0/0.

Le fenugrec, 10.000 hectares. Rendement pour 1 quintal : 5 0/0.

Le coriandre, 3.920 hectares. Rendement pour 1 quintal : 3 0/0.

Les fèves, 4.700 hectares. Rendement pour 1 quintal : 5 0/0.

En bonnes années on exporte la moitié environ des céréales, et la presque totalité des graines industrielles ou pharmaceutiques. Depuis l'occupation française *la vigne* a été plantée sur de vastes surfaces et donne les meilleurs espoirs. Les arbres *fruitiers* sont, à notre avis, par trop négligés ; il en est de même des *cultures maraîchères* qui ont encore à lutter contre deux ennemis redoutables : la *main-d'œuvre inhabile* et la *qualité des eaux*. La nécessité crée l'organe et il y a tout lieu d'espérer que l'affluence de l'immigration des Européens provoquera l'essor de cette branche agricole nécessaire à la santé publique et très rémunératrice pour le producteur.

Elevage. — Les terrains de parcours et les pâturages occupent en Chaouïa plus de 400.000 hectares. Dans tout le pays il existe des points d'eau qui ne tarissent jamais.

Le cheptel comprend pour l'année 1916 :

17.000 chevaux, 112.000 bovins, 700.000 moutons, 150.000 chèvres.

Ce bétail, décimé par la sécheresse de 1913, est en voie d'accroissement et s'augmente de l'*élevage du porc* dont on estime le nombre à 5.500. A ce total d'animaux il faut ajouter les bêtes de somme et de bât :

45.000 ânes, 16.500 chameaux, 3.500 mulets.

On évalue la valeur marchande du cheptel de la Chaouïa à 85.000.000 de francs.

L'élevage est surtout entre les mains des indigènes qui s'associent fréquemment *par moitié*, mais le système du *quart ou Rba* est spécialement employé pour les moutons.

Le propriétaire des animaux les donne à garder à son associé qui pourvoit à la fois, à leur gardiennage et à leur entretien. Ce dernier a droit au *quart Rba* des agneaux qui naissent et au quart du beurre produit.

Les gros propriétaires ont des bergers auxquels ils attribuent une part des produits.

En général, les Européens font aux indigènes les avances utiles pour l'achat du troupeau.

L'indigène rembourse, au bout de un an, ces sommes avancées; puis, les produits du cheptel sont partagés en parts égales.

Le bétail est assujetti aux impôts du *Tertib* d'après un tarif spécifique.

MINERAIS. — Les recherches minières se sont poursuivies assez activement au Maroc occidental. Mais les études géologiques de la région n'ayant pas été coordonnées entre elles, il ne peut être permis d'émettre une opinion certaine sur les richesses minières du sous-sol.

Cependant des prospecteurs hardis, ont signalé des gisements de phosphates, des gites métallifères, fer, plomb, cuivre, même de l'or. D'autres ont apporté des échantillons très intéressants de marnes schisteuses, quelques sondages ont révélé des indices de pétrole dans la région du Sébou et, enfin, des affleurements de houille furent relevés dans le bassin supérieur de l'Oum-er-Rebia.

Les difficultés de pénétration dans le Maroc non pacifié ont limité les efforts ; mais, il est à prévoir un grand mouvement minier dès que les voies ferrées, actuellement à l'étude, auront abaissé la barrière isolant les riches contrées du Haut-Atlas, des régions de la côte atlantique et de ses ports, dont l'outillage se perfectionne de jour en jour.

Ressources du sous-sol. — Matériaux de construction. — Dans l'état actuel de notre connaissance des Chaouïa on peut citer parmi les richesses du sous-sol :

L'argile : ce qui a permis d'installer à Fedhala et à Casablanca d'importantes briqueteries. La plasticité de cette argile permet la confection d'objets céramiques.

La pierre à chaux abonde, mais sa fabrication est rendue onéreuse par suite de la rareté du bois.

D'autre part, il ne faut pas encore compter sur l'utilisation, dans l'intérieur du Maroc, de la houille, hors de prix par suite des difficultés de transport. Les fours indigènes se servent, pour la cuisson, du *doum* (palmier nain), du chaume dans les Tirs, du jujubier sauvage. La chaux est de bonne qualité.

La pierre à plâtre (le gypse) existe près de Fedalah, mais en petite quantité.

La pierre à ciment a été reconnue et Casablanca possède une fabrique de ciment et chaux hydraulique.

La pierre à bâtir existe un peu partout et particulièrement près de Fedhala.

La pierre de taille du pays est un calcaire jaunâtre.

La pierre de Fedhala est d'un aspect gris-blanc. Elle est employée pour les travaux de l'Etat, phare d'El Hank et les quais du port de Casablanca.

La pierre pour encaillassement, ballast, est très répandue. Les roches gréseuses et porphyroïdes de Ber-Rechid, les roches dures des Ouled Ziane et du camp Boulhaut, le grès siliceux de Settat, les basaltes des Ouled Saïd conviennent parfaitement à l'empierrement des routes, au ballast des voies ferrées. Il existe des carrières où l'on pourra se procurer des pavés en quantité considérable.

Le sable est abondant sur le littoral atlantique. Les ravins du camp Boulhaut fournissent des sables à gros grains, d'une qualité exceptionnelle pour les travaux en ciment armé.

MAIN-D'ŒUVRE INDIGÈNE. — La main-d'œuvre indigène est suffisamment nombreuse dans la région des Chaouïa. Le marocain, souple et alerte, se prête assez facilement au dressage approprié à chaque catégorie de métier. Mais il est essentiel de ne pas le distraire du travail auquel il a été entraîné, si l'on veut profiter d'un bon rendement.

Les salaires des manœuvres, terrassiers, journaliers, moissonneurs, sont sensiblement fixés, pour une journée de 10 heures à 1 p. h. 50 avec nourriture estimée à 1 p. h., soit 2 p. h. 50 s'ils ne sont pas hébergés.

Les maçons, menuisiers, gagnent 5 p. h. par jour et sont habituellement nourris.

Les enfants sont payés de 20 à 30 p. h. par mois et nourris.

Un bon domestique arabe-cuisinier vaut de 70 à 80 p. h. par mois et nourri.

La main-d'œuvre européenne est chère, de 12

à 15 francs par jour, et la plupart des ouvriers de métier ne se déplacent à l'intérieur de la Chaouïa qu'avec un contrat de travail.

Sur les grands chantiers de Travaux Publics, la main-d'œuvre indigène est payée de 3 à 4 p. h. par jour. Les Arabes campent sur place et pourvoient à leurs besoins.

En cas d'accident il est accordé gratuitement les soins médicaux et pharmaceutiques utiles.

Monnaies. — En principe toutes les monnaies sont admises particulièrement à Casablanca. Mais la question du change rend assez complexes les règlements ou paiements avec les indigènes utilisant la monnaie marocaine, dite Hassani ou azizi.

D'autre part, les droits de douane, le tabac, les taxes postales et timbres-poste, et les impôts dus à l'Etat chérifien, sont acquittés en monnaie hassani.

Les unités de cette monnaie sont : le *rial* ou douro valant 5 pesetas hassani ; le 1/2 rial équivalent à 2 pesetas 50 hassani ; le 1/4 de rial ou roba-douro 1 p. h. 25 ; le guerch 1/2 peseta ; le billioum ou grich, soit 1/4 de peseta, 0,25 p. h.

Le change de cette monnaie oscille entre 120 et 150 0/0, c'est-à-dire que 100 francs égalent 120 ou 150 p. h. peseta hassani suivant l'époque. En définitive, au cours moyen de 125 par rapport à la monnaie française, la peseta hassani vaut 0 fr. 80 centimes et le douro représente 5 pesetas hassani correspondant à 4 francs.

Banques, prêts et avances. — L'usure est la plaie purulente des régions africaines. Normalement, l'intérêt des sommes prêtées contre un gage mobilier ou immobilier est de 8 0/0. Mais, sous mille formes protéiques, se glissent les combinaisons infâmes qui ruinent l'indigène imprudent. Aussi, réunissons-nous, sous le même mépris, les richesses mal acquises, quels que soient la race des possédants et le masque de légalité dont ils couvrent leurs opérations sur les denrées les plus nécessaires à la vie indigène, tels les blés, l'orge ou le sucre, etc.

1er *Exemple* : avant de commencer les travaux de labourage, octobre-novembre, l'indigène toujours imprévoyant, cherche à emprunter sur la récolte à venir.

Pour ces emprunts il a recours aux mercantis

des *Kasbah* qui retirent de ces opérations des bénéfices scandaleux. Quelques Européens se livrent à ce genre d'opérations, mais en observant une *méthode correcte*. Voici en quoi elle consiste : On achète à l'indigène sa récolte sur pied à un prix déterminé à l'avance ; un acte de cette opération est passé devant les autorités musulmanes. L'indigène emprunteur donne en garantie au prêteur, et jusqu'à parfait paiement, les titres de propriété des terrains ensemencés.

A la récolte, mai-juin, l'indigène moissonne et remet au prêteur la quantité d'orge devant représenter l'avance faite, avance dont la valeur monétaire est toujours inférieure à la quantité de grain à récolter, estimée et calculée sur un rendement minimum à l'hectare.

L'orge se vend, en Chaouïa, à l'unité de volume appelée « Moudd » équivalent à 12 doubles décalitres. Poids moyen 150 kilogs : soit, environ 60 kilogs à l'hectolitre, marchandise en vrac, non ventilée.

Par ce moyen d'achat anticipé, le prix du moudd d'orge, soit 150 kilogs, varie entre 8 et 10 pesetas hassani, soit au change de la monnaie à 125 0/0 :

8 francs le moudd ou 5 à 6 francs les 100 kilogs.

Après la récolte, suivant son abondance ou sa rareté, il s'établit un cours moyen des grains. Ce cours n'est jamais inférieur à 12 pesetas hassani et progresse, suivant la rapidité de l'épuisement des stocks, jusqu'à 15-18 pesetas hassani le moudd de 150 kilogs.

Le prix payé actuellement (mai 1916) par l'Intendance militaire est de 20 francs le moudd, 13 fr. 33 les 100 kilogs.

Il suit de ce qui précède que deux mauvaises années ruinent l'indigène, qui se trouvera dépossédé, et, qu'en tout état de cause, sa récolte, ainsi grevée, lui laisse à peine de quoi vivre, alors que le bénéfice du prêteur est énorme ; et sa créance, dûment établie, ne laisse aucun risque à courir.

2e *Exemple* : Le sucre est pour l'indigène du Maroc aussi précieux que le pain (toute boisson fermentée étant interdite par le Coran), il en est fait une consommation énorme : 7.500.000 francs de sucre furent importés en 1914 de Marseille à Casablanca.

Il n'est pas outrancier de soutenir que le sucre sert de monnaie d'échange dont le cours s'élève ou s'abaisse suivant le plus ou moins de degré de pauvreté de l'indigène qui, pour posséder cet élément indispensable à sa nourriture, à sa boisson favorite le *thé arabe*, engage tout ce qu'il possède, attendant pour s'acquitter... le secours d'Allah. « Sont-ils canailles ! » dira-t-on et, cependant, il est réalisé sur la vente des sucres des gains pharamineux : 50, 80, 100 0/0.

En présence de cette situation douloureuse, le Protectorat s'est ingénié à protéger l'indigène et il a organisé, grâce aux services administratifs, des mesures d'aide et de répression qui, si elles ne peuvent empêcher le vol pourront châtier, parfois, quelques pervers.

Les grandes banques européennes ont aussi créé, au Maroc, des succursales ; elles s'occupent de toutes les opérations de banque, consentent des prêts hypothécaires, des crédits de campagne agricole, des avances sur les récoltes, etc., et le taux admis généralement ne dépasse pas 8 0/0. Nous donnons la liste de ces banques principales :

Banque d'Etat du Maroc, Compagnie Algérienne, Crédit foncier d'Algérie et de Tunisie, Banque commerciale du Maroc, Banque Algéro-

Tunisienne, la Société Générale, le Crédit Marocain, la Banque lyonnaise, les Magasins Généraux (Warrants).

Le siège principal, au Maroc, des établissements de crédit, est à Casablanca.

Souks dans l'intérieur du pays. — Les richesses du Maroc sont échangées entre elles ou avec les produits européens dans des marchés, appelés Souks, qui se tiennent périodiquement à des endroits déterminés. Ils sont analogues à nos foires mais drainent une région moins étendue.

Les souks de campagne, « le Bled », ont lieu en un point toujours éloigné des lieux habités, mais remarquable par son site ou la kouba d'un saint. Le marché porte le nom du jour de la semaine pendant lequel il a lieu et celui de la tribu sur le territoire de laquelle il se tient : par exemple, le marché du dimanche à Fedhala se nomme : Souk-el-hadd.

Le souk est l'endroit où affluent les nouvelles vraies, fausses ou déformées. C'est là que s'échangent les opinions, que se donnent les mots d'ordre. Le souk, dans la vie du marocain, joue un rôle considérable, à la fois commercial et politi-

RABAT

Photo Schmitt

Fig. 4. — La place du Marché.

que ; il s'en suit que chacun s'y rend pour ses affaires ou même lorsqu'il n'y a pas d'affaires à traiter.

Aussi, dès les premières heures du jour, débouchent, de tous côtés, de petites caravanes, des troupeaux, des mercanti juifs ou autres marchands faisant profession de suivre les souks qui se tiennent, quotidiennement, dans la région.

Sur le marché, la répartition des professions, des corps de métiers se classe comme dans les villes : il y a le coin des bouchers, des vanniers, des marchands de grains, etc., et, à l'abri de petites tentes, les étalages d'objets fragiles, d'étoffes bariolées sont installés à terre.

A quelque distance, placées en un endroit surélevé, dominant le marché qu'ils surveillent contre les nefras toujours possibles, se dressent les tentes du Caid ou Kalifat, celle du Cadi et autres autorités musulmanes qui profitent du jour du souk pour rendre la justice ou régler les questions administratives et cette vision biblique n'est pas la moins impressionnante pour l'Européen non encore blasé.

Vers les neuf heures du matin le marché bat

son plein; les fours à cuire le mechoui, les Thés s'allument, les porteurs d'eau agitent leurs sonnettes pour appeler le consommateur car la chaleur monte; les baladins, les montreurs d'animaux savants sont entourés de groupes compacts tandis que, à l'écart, le Khammés misérable fait appel à la Charité. Après midi les acheteurs se dispersent, les tentes se replient, les caravanes partent. Sur le vaste espace où grouillait la foule il ne reste que quelques chiens se disputant, avec les oiseaux charogneux, les débris de viande tombés de l'étal des boucheries.

Tous les dimanches le souk de Fedhala est fréquenté par plus de 2.000 arabes.

ROUTES, CHEMINS DE FER, TRAVAUX MUNICIPAUX

Les routes, les chemins de fer venant du fond du Bled marocain traversent les Chaouïa et convergent vers Casablanca devenu, ainsi, le grand centre d'attraction commercial, industriel, maritime. Il en suit que les considérations documentaires qui précèdent doivent être complétées par des renseignements précis sur le réseau des routes

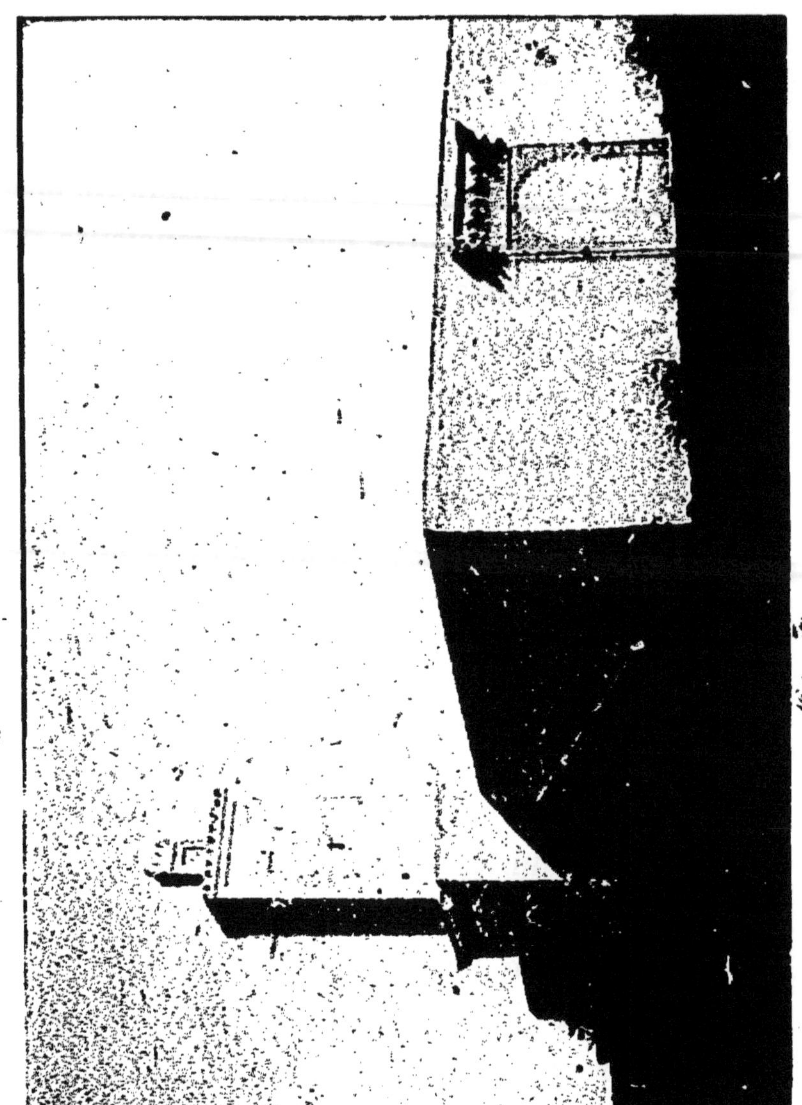

Fig. 4 *bis*. Casbah de Fedhala. La Mosquée.

impériales et secondaires qui vont ouvrir le Maroc à l'influence française.

Nous y ajouterons le programme des Chemins de fer à voie normale dont la création, retardée par l'ingérence néfaste de l'Allemagne, va, grâce à la victoire de nos armées, entrer, sous peu de mois, dans la période de réalisation définitive.

M. Delure, Directeur Général des Travaux Publics au Maroc, à l'énergie et au talent duquel le Maroc sera redevable de ce grand œuvre, nous accordera la faveur de lui emprunter ses propres paroles dont l'autorité certifiera, confirmera ce que nous avons déjà écrit sur la prospérité de Casablanca et de sa grande banlieue. En présence de la tâche géante, s'accomplissant contre vents et marées, bravant les événements, les bouleversements de notre époque héroïque, chacun reconnaîtra que l'éminent ingénieur n'avait pas, suivant ses dires, *trop présumé de lui-même et désobéi aux conseils de la sagesse antique.*

Routes impériales. Programme de 1914

« Une première route s'allonge de Kénitra à « Mogador, d'abord séparée de la côte, qu'elle

« revient toucher à Rabat, Casablanca et Maza-
« gan, par une bande de quelques kilomètres. —
« Elle s'enfonce plus profondément dans les
« terres au droit de Safi qui lui sera, d'ailleurs,
« rattaché par un embranchement.

« Elle desservira nos différents ports entre les-
« quels les communications par voies de mer
« deviennent, en hiver, vu la fréquence des gros
« temps, par trop difficiles, incertaines, et des-
« servira les régions du littoral, la Chaouïa, les
« Doukkala, les Abda partout cultivées et très
« riches.

« Deux autres routes partent de Fez. L'une par
« le col de Segotta et la vallée du Sebou aboutira
« directement à Kénitra. L'autre, se dirigera sur
« Meknes pour, ensuite, contourner le massif du
« Dejebel-Kef, traversera le plateau du Haoud,
« descendra les gorges du Hamon et rencontrera
« la première à Si-Slimane. »

Par elle seront réunies au reste du pays les grandes villes du Nord et les magnifiques contrées qui en dépendent.

« Deux autres routes, encore, se détachent des
« précédentes à Bab-Tianka et à Kénitra pour se

« rejoindre à Souk-el-Arba du Kach et se pro-
« longer, en tracé commun jusqu'à la frontière
« du Maroc espagnol, à la rencontre de celle
« dont nos voisins poursuivent l'ouverture sur
« leur territoire. »

Ces routes assurent les communications directes : l'une de Fez, Meknes, Tanger ; l'autre de Rabat à Casablanca.

« Enfin, trois routes issues de Marrakech vont
« à Casablanca, Mazagan et Mogador desservant,
« dans une triple direction, la capitale du Sud et
« le vaste pays qui s'étend de l'Oum-er-Rebia à
« l'Atlas. »

C'était au total 1.400 kilomètres à construire avec une dépense prévue de 36.000.000 de francs.

Réseau complémentaire

« A ce réseau principal est venu s'ajouter la
« route, si impatiemment attendue, de Fez à
« Oudjda, soit 202 kilomètres reliant les deux
« Marocs : celui de l'Ouest et celui de l'Est.

« Puis, la route directe de Rabat-Meknes, soit
« 120 kilomètres, évitant l'allongement considé-
« rable résultant du détour par Kenitra et desser-

« vant la ligne d'étapes : Monod, Tiflet, camp « Battaille.

« Enfin, Boujad sera relié à Ber-Rechid et « Casablanca par une route qui aidera puissam- « ment à la pacification définitive des Tadla-Zaian. « Cette voie de 125 kilomètres traverse les plai- « nes les plus fertiles, les plus réputées du Maroc.

« Pour clore cette série, la route de Marrakech « à Saffi pour laquelle la longueur à construire « n'excéderait pas 100 kilomètres grâce aux « emprunts de tronçons communs des voies de « Marrakech-Mazagan et l'embranchement côtier « de Saffi, apportera au commerce de grandes « facilités entre le port de Saffi et la capitale du « Sud marocain. »

Voies secondaires

En raison des progrès rapides de la colonisation, les voies secondaires, appelées au même rôle que nos chemins français de grande vicinalité, c'est-à-dire recoupant en tous sens les contrées déjà peuplées ont fait l'objet d'un programme spécial comprenant 450 kilomètres et une dépense de 9.000.000 de francs. Ces chemins secondaires sont ainsi répartis :

« L'un contournera, de Settat à Mazagan, les « riches territoires des Ouled-Saïd et des Douk- « kala, tandis que d'autres partis de Casablanca « ou des grandes routes qui y aboutissent rayon- « neront vers les principaux centres agricoles de « la Chaouïa, camp Boulhaut, Boucheron, El- « Boroudj.

« Enfin, les derniers s'enfonceront de Rabat « dans le pays des Zaër et recouperont, entre « les grandes voies conduisant vers Kenitra et « Tanger, la plaine des Beni-Hassen ».

Ainsi sera complété le grand programme tracé de main de maître. »

Récapitulation

Réseau principal . . .	1.400 km.	36.000.000 fr.
Réseau complémentaire .	547 —	17.000.000 —
Réseau secondaire . . .	450 —	9.000.000 —
Total . . .		62.000.000 fr.

Partout, aujourd'hui, le réseau général des routes se dessine, prend corps. Les automobiles circulent à toute allure entre Casablanca-Rabat,

Rabat-Kenitra, entre Fez et Meknes, Casablanca-Mazagan, Casablanca-Marrakech. A la fin de 1916 bien rares seront les lacunes du projet originel et pour preuve nous devons signaler que la route directe Casablanca-Tanger fut récemment parcourue en automobile.

Chemins de fer

« Après l'exposé qui précède, dit M. Delure, « je serai mal venu de médire des routes. N'est-« il pas certain, cependant, qu'elles ne sauraient « suffire à la vie économique d'un grand pays. « Même après les étonnants progrès de la traction « automobile leur capacité de transport reste « faible pour le grand trafic, et, d'ailleurs, les « tarifs des frets par voie de terre sont si élevés « qu'ils deviennent bientôt prohibitifs pour les « marchandises de faible ou de moyenne valeur « et qu'ils rendraient impossibles les échanges « de quelque importance pour les localités éloi-« gnées de la côte.

« L'instrument nécessaire tant à l'industrie, au

RABAT

Photo Schmitt

Ville indigène.
Fig. 5. — La grande mosquée et la rue Sidi Fatah.

Fig. 6. — Un immeuble moderne à Rabat.

« commerce qu'à l'agriculture : C'est ici, comme « ailleurs, *le Chemin de fer*.

« Nous en avions toujours eu la conviction pro- « fonde ! Les chemins de fer nous les demandions « dès l'origine du Protectorat et ayant pu appré- « cier la puissance de production du Maroc, « devinant quel avenir s'ouvrait à lui, nous les « demandions établis dans les mêmes conditions « que les grandes lignes de France et capables « des mêmes rendements. Aussi, avons-nous été « heureux quand, au début de 1913, la Commis- « sion qui réunissait, au Ministère des Affaires « étrangères, les financiers, les techniciens les « plus éminents a estimé avec nous qu'à la voie « étroite un peu plus économique, sans doute, « mais se prêtant mal à une exploitation inten- « sive, la voie large devait être préférée...... — « *Nous n'étions maîtres, vous le savez, en matière* « *de voie ferrée, ni de l'ordre ni de l'heure de nos* « *décisions !*

1° Ligne de Tanger-Fez. — *Protectorats espagnols et français.* — « Aux termes du traité de 1911 « l'adjudication de la ligne de Tanger-Fez ne « devait être primée par aucune autre. Or, cette

« ligne traversait la zone espagnole et nos col-
« lègues de Madrid ont gracieusement adhéré à
« celui des nombreux tracés reconnus par nos
« ingénieurs sur lequel s'était fixé notre choix.

« Ce tracé ce dirigeant droit au Sud à partir de
« Tanger, croisant la frontière à El-Ksar, fran-
« chissant le Sebou à Mechra-Bel-Ksiri il rejoint
« à Petit-Jean, à son débouché dans la plaine, la
« vallée du Rdom qu'il remonte pour gagner
« Meknes ; puis il remonte vers l'Est pour aboutir
« à la station terminus de Fez.

« Les gouvernements d'Espagne et de France
« firent choix comme concessionnaires l'un de la
« Compagnie générale du Nord de l'Afrique et
« l'autre de la Compagnie générale au Maroc.
« La convention de concession fut ratifiée en 1914
« par les Parlements des deux pays et cette
« grande entreprise n'a pas attendu de la cessa-
« tion des hostilités, la possibilité de procéder
« à l'ouverture des travaux. »

Réseau du Protectorat français

Ce réseau conçu à l'image des grandes routes comportera d'abord une ligne :

1° « Qui de Petit-Jean se dirigera sur Kenitra « pour descendre ensuite à Rabat et Casablanca. « Ainsi seront reliés à la cote et à ses ports les « régions de Meknes-Fez en même temps que « seront assurées les communications rapides « entre la capitale administrative Rabat et le « grand centre commercial qu'est Casablanca.

2° « Une deuxième ligne se détachera de Kenitra pour rejoindre le Tanger-Fez vers Souk-el-« Arba.

3° « Une troisième ligne se dirigera de Casa-« blanca sur Marrakech.

« Ces trois lignes présentent un développe-« ment de 530 kilomètres et coûteront, à raison « de 200.000 francs le kilomètre, environ 106 « millions de francs.

« En limitant notre action immédiate nous « n'entendons pas renoncer à desservir

4° « La région du Sud par une voie directe Casa-« blanca à Meknes et Fez d'autant, qu'après les « premières lignes du Maroc Occidental et, en « même temps s'il se peut, une autre ligne devra « être entreprise car son impérieuse nécessité est « reconnue de tous.

5° « Celle de Fez à Taza-Oudjda...... Croyez « à notre vif désir et à notre ferme intention de « l'attaquer au plus tôt, car autant que nos com- « patriotes d'Algérie et du Maroc occidental nous « avons hâte de voir ouverte, la grande voie « impériale qui doit réunir Tunis, Alger, Oran « à Casablanca et la Méditerranée à l'Océan. »

Le programme général de ces grands travaux fut appliqué sur le terrain même et les études d'avant-projet, activement poussées par les ingénieurs des Travaux Publics secondés par des équipes spéciales de la Compagnie P.-L.-M. mises à la disposition du gouvernement chérifien, ont permis le dépôt du Projet de Loi ouvrant au Maroc les crédits nécessaires pour entreprendre, en pleine guerre européenne, la construction de ces voies ferrées.

Les Chambres françaises n'ont pas hésité et le gouvernement chérifien fut autorisé, le 25 mars 1916, à augmenter jusqu'à concurrence de 242.000.000 de francs le montant de l'emprunt de 170.000.000 de francs autorisé par la Loi du 16 mars 1914, venant ainsi rendre le plus bel hommage aux efforts réunis de M. le général Lyautey, Résident de la République française au Maroc et de M. Delure, Directeur général des Travaux Publics.

Travaux municipaux

Après les ports, les routes, les chemins de fer, le programme des Travaux Publics s'est attaché à transformer les villes marocaines, à les doter d'air, de lumière, de jardins publics, de services d'égouts, d'eau potable, d'éclairage, de moyens de transport en commun et c'est d'une main légère qu'il fallait toucher aux rues étroites, aux places, aux souvenirs religieux.

« Partout à côté des antiques cités marocaines, des cités nouvelles s'élèveront.

« Ainsi voisines mais distinctes, unies mais non « confondues vivront deux civilisations, deux « races et le Maroc rajeuni gardera le charme « et les séductions du passé. »

La somme affectée primitivement aux travaux municipaux fut de 7.500.000 francs. Mais, ces villes hier encore endormies, reveillées aujourd'hui, marchent d'un tel pas que pour seconder leur effort, la dotation fut élevée à 27.000.000 de francs répartis suivant l'importance de chacune d'elles.

Au sud :

« Mazagan, dont la plage aux courbes harmo-
« nieuses se déroule aux pieds de l'antique cita-
« delle qui la domine de ses bastions fendant
« la mer.

« Safi et sa forteresse imposante dominant les
« falaises dont une houle éternelle mord le pied.

« Mogador, la ville blanche qui s'allonge cares-
« sée par une brise éternelle entre la dune fauve
« et le flot bleu.

« Marrakech, la cité déjà soudanaise, aux murs
« roux et aux toits fauves, cachant derrière ses
« remparts de terre la splendeur de ses palais,
« tandis qu'au-dessus des palmeraies flambloient
« les arêtes rocheuses du Guelliz et qu'à l'hori-
« zon lointain les cimes du grand Atlas se dres-
« sent toutes blanches dans l'azur du ciel. »

Au nord :

« Sur la côte rocheuse où débouche le Bou-
« Regreg, face à Salé, sur la rive droite du
« fleuve se dresse hautaine dans ses vieux rem-
« parts barbaresques, c'est Rabat avec sa double

RABAT

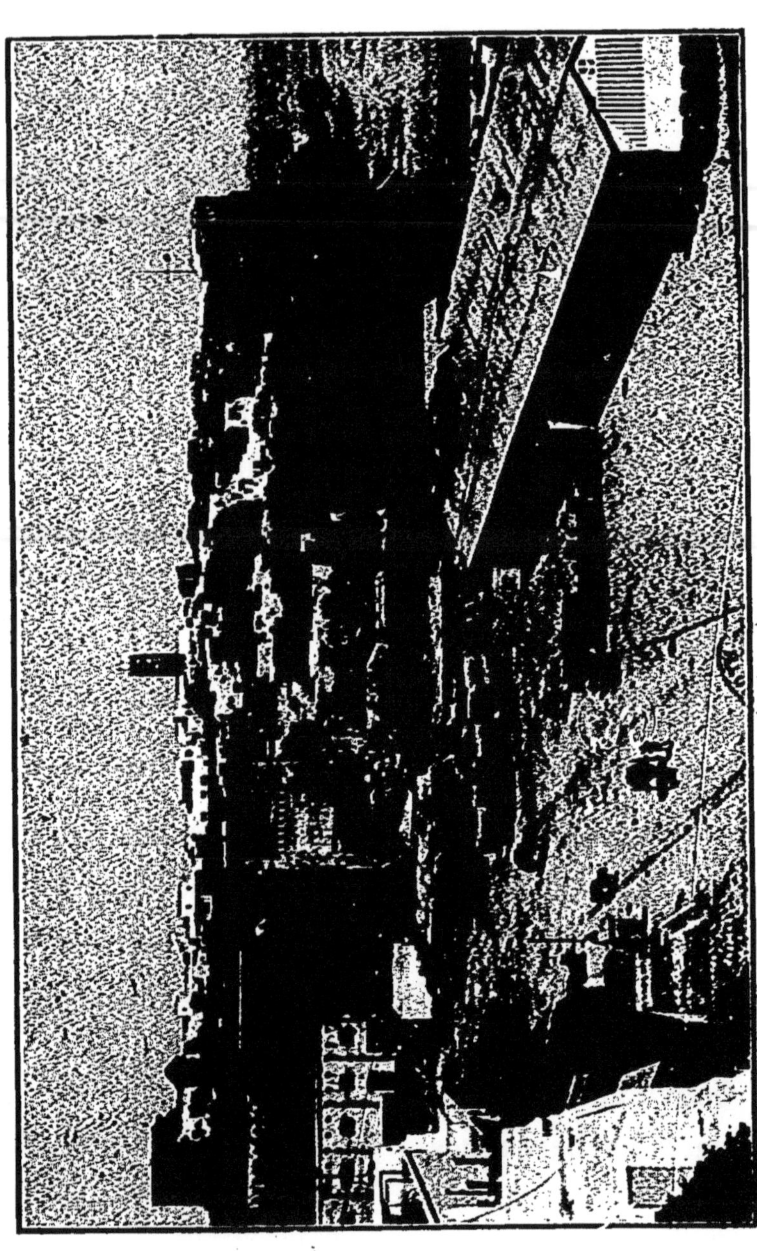

Photo Schmitt

Fig. 7. — La Casbah des Oudaïas et un coin du port.

« enceinte, son palais impérial, sa grande tour « Hassan et sa kasbah des Oudaïas éclatante et « lumineuse dans ses vieux murs de briques « drapés de lierre et de cactus.

« Au fond de ce ravin du Bou-Tekrane d'où « montent le parfum des orangers et la chanson « des sources, *Meknes* et sa longue file de mina- « rets tous roses dans la lumière des soirs.

« Voici sous son armure guerrière, dans sa « ceinture de créneaux et de tours *Fez*, l'antique « capitale, ses mosquées *innombrables* et le flot « pressé de ses maisons dévalant en coulées « blanches des crêtes du Saïs.

« Elle aussi, elle surtout, il fallait se garder de « la profaner, en essayant de la refaire à notre « image, la ville incomparable que nous ont « légué des siècles d'art, de travail et de foi.

« Au centre de la côte atlantique :

« *Casablanca* allongeant ses rues à travers la « campagne hier encore déserte....., cité amou- « reuse de travail et d'action, débordante d'acti- « vité et de vie.... »

Dans le Chapitre III du présent mémoire descriptif consacré spécialement à *l'organisation des moyens de transports en commun*, Tramways à traction électrique signalés dans le discours de M. le Directeur Général des Travaux Publics au Maroc nous démontrerons, à l'évidence, que le jugement porté par l'éminent ingénieur a tracé la route aux *initiatives privées*, déjà si fécondes dans la grande ville de Casablanca.

Fig. 8. — Si Hadj Omar Tazi Pacha de Casablanca.

CHAPITRE II

CASABLANCA

Ses origines. — Son port. — Ses voies de communications maritimes et terrestres

ORIGINE D'ANFA (promontoires)

La date de la fondation d'Anfa est incertaine, son nom n'étant pas mentionné dans la liste des stations phéniciennes ou romaines.

C'est seulement vers le XIIe siècle de notre ère que l'existence de la ville d'Anfa nous est révélée par les géographes arabes El Fazari et El Idrisssi. D'après ce dernier, Anfa est situé à 40 stades de Fedhala ; le port est visité par les vaisseaux marchands qui viennent charger l'orge et le blé.

Le seul renseignement intéressant est inscrit

dans le *Roudh el Qartas* où il est rappelé qu'en l'année 1259, la ville d'Anfa fut prise par le sultan Yacoub ben Abdallah el Hadj.

En 1747 la ville commença à renaître, sous le règne du Sultan Sidi Mohammed ben Abdallah qui y construisit une mosquée, un établissement de bains et des batteries de canons.

C'est à cette époque qu'elle prit le nom de Dar-el-Beida-Casablanca.

Au moment de la décadence de la dynastie Mérinide, la cité d'Anfa se rendit indépendante, forma une république de pirates pillant et dévastant les côtes européennes. Leurs dépradations furent telles que le roi de Portugal se vit contraint, en 1468, d'armer une flotte de cinquante navires chargés d'un corps de débarquement de 10.000 hommes.

Anfa fut prise et pillée de fond en comble. Mais se rendant compte que la place serait difficile à conserver à cause de sa côte inhospitalière, les Portugais ne s'installèrent pas à Anfa.

En 1575, les Portugais occupèrent à nouveau Anfa; à la suite d'un tremblement de terre ils abandonnèrent la ville. Il reste de cette occupation des monuments assez bien conservés.

Pénétration européenne

Les premiers établissements européens remontent au règne du sultan Sidi Mohammed ben Abdallah 1747-1789. Ce fut ce sultan qui, en 1782, accorda le monopole, moyennant fortes redevances, de l'exportation des orges et du blé, du bétail, sel, planches, etc. à la compagnie de *los Cinco Gremios Mayores de Madrid*, et cette concession englobait le port de Fedalah. Ce dahir draconien interdisant aux commerçants des autres nationalités la possibilité de tout commerce les obligea à se retirer et à céder la place aux Espagnols dont l'influence fut prépondérante.

Au XIXe siècle, la période des guerres napoléoniennes étant terminée en Europe, le gouvernement français put faire sentir son influence au Maroc.

En 1830, le sultan Abd-el-Rahman réouvrit le port de Dar el Beida au commerce international. Il fit bâtir des magasins, des douanes, il concéda des terrains et accorda des privilèges aux négociants.

En 1860 la population européenne était peu nombreuse ; mais on y trouvait déjà une petite colonie, bientôt prospère, de marchands français. Il en fut ainsi jusqu'en 1875, époque à laquelle arrivèrent les Anglais qui conquirent rapidement la première place.

L'Allemagne suivit et prit également une situation commerciale importante.

C'est seulement en 1885, sous le règne de Mouley-Hassan, que la ville de Casablanca acquit un réel développement commercial.

En 1900 l'Angleterre, la France, l'Allemagne, l'Italie étaient en tête de l'importation, mais pour l'exportation, la France tenait le premier rang.

En 1902 l'Angleterre passe devant pour les importations et les exportations suivie de près par la France.

C'est en 1906 que l'Acte d'Algésiras permit l'exportation libre du froment et de l'orge, sur lesquels les Espagnols percevaient la moitié des taxes douanières affectées au paiement de l'indemnité de guerre réglée par le traité de *Tétouan*

Fig. 9. — Débarcadère de Casablanca.

Photo Henri Manuel

(guerre du Rif) entre l'Espagne et le Maroc.

On connaît notre intervention en 1907 et il est inutile de rééditer notre histoire contemporaine.

PORT DE CASABLANCA

Le commerce général marocain emprunte cinq voies maritimes ou terrestres : les ports de l'Atlantique, les confins algéro-marocains, la zone saharienne, les présides espagnols et Tanger.

Pendant de longues années les transports étaient coûteux, incertains. Ils s'effectuaient, des ports mal outillés vers les régions de l'intérieur, à dos de mulet, de chameau et par caravanes.

Actuellement le Protectorat travaille à améliorer cette situation, les pistes sont empierrées, les routes ouvertes, les ports sont aménagés ou en voie de construction ; le plus important entre tous, sera celui de Casablanca. Enfin, l'étude des lignes ferrées à voie normale devant desservir le Maroc est terminée et la construction du grand réseau décidée.

L'influence française, à jamais libérée des entraves extérieures, pourra s'exercer en toute indépendance ; les conditions économiques de cette immense et fertile région se trouveront heureusement transformées laissant le champ libre à l'activité des colons français.

Nous allons examiner : 1° les divers services maritimes qui desservent le port de Casablanca ; 2° le trafic général du port ; 3° les particularités maritimes, fret, aconage ; 4° les services de transports par voie terrestre de Casablanca dans l'intérieur du Maroc.

CASABLANCA. POPULATION

L'antique Anfa (Dar el Beida) est située à mi-chemin de Tanger et de Mogador, au fond d'une anse comprise entre les promontoires d'El-Hank et d'Oukacha à l'embouchure de l'oued Bou-Skoura. Le sol ne présente aucun relief sensible. Fort Prévost cote 46.

Depuis le débarquement des troupes du Corps d'occupation en 1907, la ville s'est développée de façon considérable et occupe actuellement un front de mer de 8 kilomètres sur 3 kilomètres de profondeur. Sa superficie totale atteint 2.450 hectares dont 50 seulement sont pris par la ville indigène composée de la Medina arabe et du Mellah, quartier des Juifs.

Il n'y a encore que 500 hectares de bâtis dans le périmètre européen; mais on évalue le nombre des immeubles construits à 5.840.

Casablanca est notre première ville coloniale qui ait connu la faveur d'une immigration nombreuse. En 1907 elle comptait 900 Européens. De mai à décembre 1910 elle a reçu 180 Européens,

en 1911	»	3.238	»
en 1912	»	5.787	»
en 1913	»	29.755	»
en 1914	»	27.423	»

Sous cette poussée la population a passé d'une trentaine de mille habitants à 81.650 en juin 1914, se décomposant ainsi :

			habitants
Européens	Français . . .	20 000	37.150
	Espagnols. . .	8.000	
	Italiens . . .	8.000	
	Anglais . . .	400	
	Allemands . .	300	
	Grecs	250	
	Divers	200	

Musulmans	36.150
Israélites	8.000
Population flottante . .	500
Total . . .	81.650
Le contingent des troupes d'occupation, Européens, Marocains, Sénégalais forme une garnison de	5.000
Total général . .	86.650

TRAFIC DU PORT DE CASABLANCA

Importation et exportation. — Le commerce général de Casablanca en 1913 avait plus que triplé depuis 1910 ainsi qu'en témoigne le tableau suivant :

Années	Importations	Exportations	Totaux
	Fr.		Fr.
1910 . . .	14.570.512	9.740.748	24.311.260
1911 . . .	22.163.973	19.752.075	41.916.048
1912 . . .	40.181.785	23.084.338	63.266.123
1913 . . .	69.404.496	9.967.296	79.371.792
1914 . . .	47.007.746	8.668.020	55.675.766

Statistique de 1913. Tableau n° 1. Valeur en francs

1913	Exportations	Importations	Totaux
France-Algérie. .	5 739.233	43.143.452	48.882.685
Angleterre-Gibraltar	586.620	11.786.770	12.373.390
Allemagne. . . .	2.260.859	3.508.567	5.769.426
Espagne.	766.683	2 485.978	3.252.661
Belgique	45.211	3.848.782	3.893.993
Italie	244.201	476.820	721.021
Autriche-Hongrie.	29.304	1.001.205	1.030.509
États-Unis. . . .	269.862	714.543	984.415
Portugal . . .	7.252	24.775	32.027
Pays-Bas	14.353	490 174	504.527
Égypte	»	1.100	1.109
Suède.	»	1.665.028	1.655.028
Russie	»	96.307	96.307
Norvège.	»	22.841	22.841
Autres pays . .	3.718	148.145	151.863
Totaux	9.967.296	69.404.496	79.371.792

L'année 1913 eut à subir une période de sécheresse désastreuse pour le bétail et les récoltes, céréales ou grains destinés à l'exportation.

La diminution constatée dès 1914 est imputable aux événements d'Europe.

De l'examen détaillé des statistiques il ressort que, dans ce trafic général, la France occupe la première place, l'Angleterre la deuxième, l'Allemagne la troisième, l'Espagne la quatrième.

SERVICES MARITIMES

Lignes françaises. Cabotage français. Cabotage international. Long cours

La *Compagnie Générale Transatlantique*, port d'attache Le Havre, assure un service rapide, bi-mensuel entre Bordeaux et Casablanca.

Départs de Bordeaux les 10 et 25, arrivée s à Casablanca les 14 et 29.

Départs de Casablanca les 3 et 18, arrivée à Bordeaux les 7 et 22.

Elle assure également un service accéléré : Nantes, Bordeaux, Casablanca, Mazagan, Saffi, Mogador.

Départ de Nantes pour Casablanca, Mazagan, Saffi et Mogador le 12 de chaque mois, de Bordeaux le 15.

Des caboteurs de la même compagnie, à faible tirant d'eau, lui permettent d'entrer en rivière et d'assurer un service avec des départs à dates variables entre Casablanca et Rabat sur le Bou-Regreg et Kénitra sur l'oued Sebou.

La *Compagnie Paquet*, port d'attache Marseille, a des départs réguliers de Marseille pour les ports du Maroc. Départs les 1er et 16 de chaque mois pour Tanger et Casablanca.

Départs supplémentaires de Marseille vers les 8 et 23 pour Tanger, Casablanca, Mazagan, Saffi, Mogador.

Au retour, les départs réguliers de Casablanca pour Tanger et Marseille s'effectuent les 8 et 23 de chaque mois. Les départs supplémentaires de Casablanca pour Tanger et Marseille sont assurés par les bateaux retournant des ports du Sud ; ils peuvent être fixés à l'avance.

D'autre part, les services réguliers entre Casablanca, l'Algérie, la Tunisie sont suspendus depuis les hostilités. La Compagnie Paquet ne fait qu'un service provisoire modifié selon l'importance du trafic.

La *Compagnie Sicard*, port d'attache Marseille, assure deux départs commerciaux par mois de Marseille pour Casablanca, l'un vers le 4 ou le 5, l'autre vers le 20.

Après avoir touché Casablanca, les navires gagnent Rabat d'où ils reviennent charger les marchandises à destination de Marseille.

La *Compagnie Mazella*, port d'attache Oran, service entre Oran, Kenitra, Rabat et Casablanca ; départs en nombre et à des dates variables.

Lignes étrangères

The Royal Mail Steam Packet et Co, port d'attache Londres, touche à Casablanca une fois par mois (dates et passages variables depuis la guerre).

Au cours de son voyage, après avoir quitté Londres, elle touche Gibraltar, Tanger, Larache, Rabat, Casablanca, Mazagan, Saffi, Mogador, Las Palmas.

Retour sans escale de Las Palmas à Londres.

The Power Steamship Co Ld, port d'attache

Londres, a 3 ou 4 passages par mois, à des dates variables depuis la guerre.

Elle dessert au cours de ses voyages de Londres, Gibraltar, Tanger, Rabat, Casablanca, Mazagan, Saffi, Mogador.

Ligne Bland, port d'attache Gibraltar, voyages fréquents, à des dates variables entre Gibraltar, Tanger, Larache, Rabat, Casablanca, Mazagan, Saffi, Mogador.

Compagnie royale néerlandaise de navigation à vapeur, port d'attache Amsterdam, relations directes entre Amsterdam, Anvers, Casablanca, touche Casablanca le 11 de chaque mois.

Correos de Africa, port d'attache Barcelone. Deux départs pour le Nord les 12 et 28 de chaque mois. Deux départs pour le Sud les 11 et 26 de chaque mois.

Les vapeurs desservent Barcelone, Malaga, Tanger, Larache, Rabat, Casablanca, Mazagan, Saffi, Mogador et les Canaries.

Pour mémoire :

Ligne allemande *Oldenburg Portugiesische Dampschiffs Rhederei* qui avait des services réguliers entre Hambourg-Anvers et tous les ports du Maroc et des Canaries.

Ligne hongroise Adria, port d'attache Fiume, service régulier par Tunis sur Casablanca.

Ces services sont arrêtés depuis l'ouverture des hostilités.

PORT DE CASABLANCA

1913. Mouvement de la navigation par pavillons. Entrées

Nationalités	Vapeurs avec chargement		Vapeurs sur lest		Voiliers avec chargement		Voiliers sur lest	
	Nombre	Tonnes	Nombre	Tonnes	Nombre	Tonnes	Nombre	Tonnes
Français	302	420.598	39	57.588	2	218	»	»
Anglais	77	73.052	6	2.702	»	»	»	»
Allemands. . . .	45	41.844	1	1.055	1	93	»	»
Espagnols . . .	74	59.936	1	985	36	4.891	»	»
Belges	1	1.372	»	»	»	»	»	»
Italiens	34	28.450	1	621	4	785	»	»
Austro-hongrois .	26	24.657	5	4.972	»	»	»	»
Portugais	1	193	»	»	7	1.167	1	228
Hollandais. . . .	2	381	»	»	2	286	»	»
Russes	2	1.484	»	»	5	1.056	»	»
Suédois	9	4.477	1	115	»	»	»	»
Norvégiens . . .	20	15.780	»	»	1	160	»	»
Autres Pavillons.	21	17.082	»	»	21	5.364	»	»

Récapitulation

Entrées	Vapeurs	614	698.016 tonnes
		54	68.038 »
	Voiliers	79	14.020 »
		1	190 »
	Navires	748	780.254 tonnes

PORT DE CASABLANCA

1913. Mouvement de la navigation par pavillons. Sorties.

Nationalités	Vapeurs avec chargement		Vapeurs sur lest		Voiliers avec chargement		Voiliers sur lest	
	Nombre	Tonnes	Nombre	Tonnes	Nombre	Tonnes	Nombre	Tonnes
Français	192	324.222	110	129.317	1	105	»	»
Anglais	24	22.852	22	16.893	»	»	»	»
Allemand	19	19.325	15	12.035	»	»	»	»
Espagnol	22	16.830	18	10.035	9	1.018	28	4.213
Belge	»	»	1	1.372	»	»	»	»
Italien	10	7.944	15	12.234	»	»	»	»
Austro-hongrois .	8	8.759	7	6.575	»	»	»	»
Portugais	»	»	»	»	1	196	4	884
Hollandais . . .	2	381	»	»	»	»	»	»
Russe	»	»	2	1.484	»	»	»	»
Suédois	3	345	4	1.689	»	»	»	»
Norvégiens . . .	2	1.465	9	7.955	1	160	»	»
Autres Pavillons.	4	4.180	9	8.912	1	255	10	1.976

Récapitulation

Sorties	Vapeurs	284	405.922 tonnes
		213	208.891 »
	Voiliers	14	1.989 »
		52	8.827 »
	Navires	563	620.000 tonnes

Mouvement du port de Casablanca par pavillon. 1913

Pavillon	Entrées		Sorties	
	Nombre	Tonnage	Nombre	Tonnage
Français	343	487.500	303	454.644
Anglais	83	75.754	46	39.745
Espagnol	121	65.812	57	33.466
Allemand	47	42.992	34	31.360
Italien	39	29.856	25	20.478
Austro-hongrois . . .	31	29.659	15	15.334
Norvégien	21	15.940	12	9.585
Suédois	10	4.292	7	2.053
Hollandais	4	667	2	381
Portugais	9	2.558	5	1.080
Russe	7	2.540	2	1.484
Belge	1	1.372	1	1.372
Autres Pavillons. . .	21	17.082	23	15.323
	748	780.254	563	620.629

En consultant le tableau 4 qui précède on remarque aux entrées et sorties une supériorité évidente de notre pavillon sur les pavillons étrangers. Les pouvoirs publics sont décidés à encourager, à aider même, toutes les initiatives ayant pour but le relèvement de notre marine marchande. Ce secours sera d'autant plus efficace que certaines sociétés commerçant au Maroc ont devancé, à leurs risques et périls, les idées gouvernementales.

Nous ne croyons pas utile de reproduire les tableaux statistiques de 1914-1915. Mais leur ventilation, donne spécialement pour les échanges commerciaux entre la France et le port de Casablanca, les chiffres suivants, intéressants à connaître :

Les échanges commerciaux entre *la France et Casablanca* se chiffrent en 1914 par un total de 33.218.980 francs en diminution de plus de 5.000.000 de francs sur 1913. Il est utile d'observer que malgré cet affaissement, la situation commerciale est encore supérieure de 4.010.456 francs par rapport à 1912.

L'industrie française a importé principalement à Casablanca :

Les sucres 7.417.000 francs, les vêtements, lingerie 2.200.000 francs, semoule et farine 1.350.000 francs, automobiles et voitures 1.300.000 francs, machines motrices à vapeur, etc., 978.000 francs, ouvrages en fer, outils 900.000 francs, ciment, chaux, plâtre 750.000 francs, meubles 500.000 francs, métaux 400.000 francs.

Les principaux produits exportés de Casablanca sont :

Peaux 1.880.000 francs, laines en suint 750.000 francs, graines de lin 630.000 francs, graines de coriandre 220.000 francs, pois chiches 215.000 francs, graines de fenugrec 200.000 francs.

Il n'est pas inopportun de parler du *commerce allemand avec Casablanca.*

Avant 1910 le commerce d'importation de marchandises allemandes ne dépassait *pas 965.000 francs* ; il s'est développé rapidement et atteignait en 1911-1912 : *3.508.561 francs* pour s'élever à *5.769.438 francs en 1913*. Les hostilités ont arrêté cette concurrence opiniâtre.

PARTICULARITÉS MARITIMES

Fret. Aconage

Les frets ne présentent aucune particularité au Maroc. D'une façon générale les frets sont variables et leur taux est fixé par la loi de l'offre et de la demande.

S'il y a sur rade de Casablanca, 3 bateaux pour Mazagan par exemple, leur présence simultanée aura pour conséquence une baisse des frets.

Pour les ports à barre, Rabat, Kenitra, Larache, Saffi, devant lesquels les navires sont exposés à se voir immobilisés lorsque l'état de la mer interdit les communications avec la terre, les frets subissent une augmentation, par exemple :

Les sucres paient de Marseille à Rabat, 45 fr. la tonne ; de Marseille à Casablanca, 35 francs la tonne ; de Marseille à Saffi, 30 francs la tonne ; de Marseille à Mogador, 25 francs la tonne.

Il faut remarquer cependant que les frets pour le Maroc sont excessivement élevés et hors de proportion avec la distance aux ports d'Europe.

RABAT

Fig. 10. — Le bac entre Salé et Rabat.

Photo Schmitt

Aconage. — L'aconage a fait l'objet d'un monopole réservé au Gouvernement Chérifien qui, lui-même, vient de traiter avec une firme composée des principaux importateurs français à Casablanca et des grandes sociétés de transports maritimes auxquelles se sont jointes les compagnies de chemins de fer français P.-L.-M. et P.-O. intéressées, à cause des ports de Marseille et de Bordeaux, qu'elles desservent, à ce que le commerce trouve les plus grandes facilités de manutention des marchandises, tant au départ des ports français qu'à l'arrivée à Casablanca.

Pendant la période de transition l'embarquement et le débarquement des marchandises est organisé comme suit :

Cadre permanent de portefaix indigènes aidés par des journaliers selon les besoins du tonnage à manipuler.

Le salaire moyen est, par journée de travail, de 3 à 4 ph. L'usage veut que le recrutement des portefaix étant assez difficile à certaines époques de l'année, où la main-d'œuvre déserte les villes pour les travaux de la campagne, l'aconage a été forcé de créer dans chaque port un cadre permanent recevant des soldes de chômage lorsque l'état de la mer empêche les opérations de débarquement. Cette solde atteint à Casablanca 1 ph. 25 par jour.

Les marchandises sont débarquées en rade sur des barcasses de petit tonnage, 10 à 25 tonnes, qui les amènent à terre où elles sont manutentionnées suivant leur poids et volume, soit à bras, soit à l'aide d'un matériel Decauville. La répartition des barcasses est faite à Casablanca, entre les navires présents sur rade, suivant un règlement très précis. En principe, les barcasses sont réparties entre les navires en attribuant *une barcasse 1/2* par main travaillant à bord, étant spécifié que la fraction de 2/3 sera comptée pour unité et celle de 1/3 négligée.

Les bâtiments faisant un service régulier, c'est-à-dire ceux qui, partant de leur port à *date fixe*, repartent de Casablanca à *date fixe*, en suivant un *itinéraire invariable*, jouiront d'un droit de priorité et pourront dès leur arrivée, requérir leur inscription en tête de la liste de répartition établie la veille au soir à 19 heures. Mais ils devront, dans ce cas, subir sur la taxe d'aconage une majoration de 10 0/0 par rang gagné sans, toutefois, que la dite majoration puisse dépasser 50 0/0, quel que soit le nombre de ces rangs.

Les taxes payées par les marchandises au service de l'aconage sont : 1° une taxe de débarquement, dite d'aconage ; 2° une taxe de magasinage.

Les taxes d'aconage diffèrent selon la nature de la marchandise. La taxation était faite jusqu'à ce jour en se servant des mesures de capacité les plus diverses.

Un tarif à la tonne a été préparé.

Les Compagnies de navigation se plaignent de la longueur de temps apportée dans le déchargement des navires ; il faut reconnaître que l'aconage des marchandises est particulièrement malaisé au Maroc.

Sans faire entrer en ligne de compte le mauvais temps qui empêche toutes les communications entre la mer et le rivage, les causes de malaises résident dans le mauvais aménagement des ports ; aussi remédie-t-on à l'heure actuelle à ces inconvénients, en créant des quais, des magasins et des abris pour les barcasses.

Nous ferons remarquer que les ports du Maroc,

sauf Fedhala et ceux en rivière *de Rabat et de Kénitra*, sont des *rades foraines* où il ne peut être consenti de clause garantissant un rendement déterminé par jour, car les opérations sont commandées par l'état de la mer, le nombre des barcasses ou navires disponibles au débarquement.

Les grands travaux du port de Casablanca sont poussés avec activité. Malgré la guerre, l'encombrement du port ne pourra plus se produire, quelle que soit la reprise intensive du commerce et de la navigation et toutes plaintes du commerce cesseront d'elles-mêmes.

Nous indiquons dans les tableaux qui suivent l'importance du mouvement et le tonnage net de jauge à l'entrée du port de Casablanca et nous ajoutons le poids des marchandises embarquées et débarquées, ce qui permet de se rendre compte de l'importance de l'aconage du port de Casablanca.

Mouvement du port de Casablanca. Aconage

Années	Navires	Tonnage de jauge
1912	705	926.381
1913	956	964.196
1914	740	850.765
1915 (1er semestre).	207	262.858

Poids des marchandises embarquées et débarquées

	1912	1913	1914	1915 1er semestre
Importation .	97.198	233.336	139.757	51.577
Exportation .	98.149	17.032	19.600	9.883
Cabotage. . .	12.590	4.326	6.620	4.765
	208.205	254.694	165.977	66.225

TRANSPORTS A L'INTÉRIEUR DU PAYS

Voie de terre. Coût moyen pour les principales marchandises

La majorité des transports pour l'intérieur se fait encore à dos de chameaux à des prix variant selon la plus ou moins grande abondance des animaux disponibles. Les saisons rendent les pistes plus ou moins praticables.

Les charges habituelles des chameaux ne dépassent pas 250 kilogs et coûtent :

Pour Marrakech, 12 douros, environ 48 francs.

Pour Rabat, 5 douros 1/2, 22 ph. 50.

Pour l'intérieur le prix oscille entre 0 ph. 75 à 1 ph. 25 le quintal kilométrique, selon la saison.

Camionnage par camions-automobiles

Les transports se font dans toutes les directions à des prix à traiter de gré à gré et variant de 1 à 2 francs la tonne kilométrique, selon l'importance du lot, le plus ou moins de praticabilité des

LA FOIRE DE RABAT.

Photo Schmitt

Fig. 11. — L'entrée du Résident Général au Stand de l'Importation.

Fig. 12. — La foire de Rabat.

voies à emprunter et la possibilité de trouver un fret de retour.

Pour Rabat, 100 kilomètres, la tonne : 200 fr.

Pour Fez, 287 kilomètres, la tonne : 500 francs.

Pour Marrakech, 240 kilomètres, la tonne : 300 à 400 francs.

Pour Mazagan, 90 kilomètres, la tonne : 0 fr. 20 le quintal kilométrique.

Les transports de marchandises s'effectuent également par charrettes, arabats, à des prix un peu inférieurs aux précédents.

Voies ferrées. Camionnage par fer. Voies de quai

Une seule ligne de chemin de fer militaire à voie de 0 m. 60 réunit Fez à Ber-Rechid par Casablanca. Les stations principales de cette voie ferrée sont :

Ber-Rechid, Casablanca, Fedhala, Bouznika, Oued Yquem, Temara, Rabat, Salé, Kenitra, Sidi Yahio, dar Bel-Hamri, Meknes, Fez.

Ce chemin de fer réservé en principe au trafic militaire admet depuis le 1er janvier 1915 les marchandises et les particuliers, sous réserve de n'apporter aucune entrave à l'exécution des transports militaires. Le chemin de fer est relié au port de Casablanca par des voies de quai.

Les tarifs en vigueur sont les suivants :

Voyageurs	1re classe :	0 fr. 30	par kilomètre.
—	2e classe :	0 fr. 15	—
—	3e classe :	0 fr. 08	—

Les voyageurs en 3e classe prenant place sur les wagons de marchandises, sans aménagement spécial.

Marchandises : la tonne kilométrique : 0 fr. 50.
le wagon complet : 3 francs le wagon kilométrique.

Bagages : Franchise de 30 kilos par voyageurs.

Afin de bien fixer l'opinion nous donnons les éléments récents et officiels permettant de calculer les prix moyens de transports — en prenant pour base la ville la plus importante de l'intérieur du Maroc — Fez — où va se tenir, sous l'initiative du Résident général Lyautey, une foire appelée comme le fut l'Exposition de Casablanca au plus grand retentissement et succès dans les tribus marocaines.

Transports. — *Aux prix du fret, variable suivant les qualités et quantité de marchandises expédiées par les ports de Marseille, Bordeaux etc., etc.* viennent s'ajouter les frais supportés par la marchandise, *au Maroc*, ils sont *approximativement* les suivants :

A. — Droits de douane : 12,50 o/o *ad valorem* (1).

B. — Frais de débarquement et transit en ville : (Prix moyens par tonne).

	RABAT	KÉNITRA	CASABLANCA
Aconage, déchargement et transport aux magasins de la Douane. . . . . Fr.	10 »	8 »	11 50
Transport de la Douane à la gare.	9 » (2)	3 »	3 50
C. — Transports pour Fez			
a) Par voie ferrée.	123 50	105 »	179 50 (3)
b) Par chameaux	200 à 250	150 à 200	(Pas de caravanes)
D. — En résumé, total des frais			
a) Aconage, transit et chemin de fer jusqu'à Fez.	142 50	116 »	194 50
b) Aconage, transit et chameaux jusqu'à Fez . .	210 à 260	148 à 208	(Pas de caravanes)
E. — Autres frais			
Transport de la gare de Fez à la Foire.			7 50
Droits de Portes (4).			5 »

1. Les droits de douane sont, par exception, de **7.50** o/o *ad valorem* sur les articles suivants :
a) *Tissus de soie pure ou mélangée* (à l'excep. de la soie artificielle, des doublures, garn. de vêtements, etc.)
b) *Bijoux d'or et d'argent* : *Boitiers de montres en or en argent* (sans mouvement, enrichis ou non de pierres vraies ou fausses).
c) *Pierres précieuses ou fausses* ; *rubis*.
d) *Fils d'or, d'argent, dorés ou argentés* ; *galons d'or, d'argent, dorés ou argentés.*
e) *Pâtes alimentaires.*
f) *Vinaigres, alcools de menthe* (ainsi que les bières, vins et liquides distillés de toute espèce).

2. Soit **6** fr. la tonne, par charrette ou *araba* du quai de la Douane à la gare de Salé, plus **3** fr. la tonne pour le passage du bac

3. Se décomposant ainsi : **167 fr. 50** pour le chemin de fer, plus **12** francs de transbordement de la gare de Rabat à celle de Salé, bas compris.

4. Ces droits se paient : à la gare de Casablanca pour les marchands qui partent de Casablanca ; à la gare de Salé pour celles qui proviennent de Rabat-Salé ; à Fez même pour les marchandises venant de Kénitra.

Cet exposé précis de la situation actuelle des moyens de transport très dispendieux et lents prouve que la construction du réseau des grands chemins de fer sera la solution d'une nécessité impérieuse et que son exploitation se trouvera assurée d'un trafic de plus en plus considérable.

Fig. 13. — Vue générale du Port de Fedhala.

CHAPITRE III

LE NOUVEAU PLAN DE CASABLANCA, MŒURS, COUTUMES

Vers 1907, les Arabes, les Juifs, les Européens et tout le commerce se trouvaient réunis, entassés dans les limites de la ville arabe entourée de hauts murs d'enceinte. L'espace couvert ne dépassait pas 50 hectares pour 30.000 habitants. Quelques maisons construites à l'européenne voisinaient, dans certains quartiers, avec les Nouala, les cabanes de roseaux, les gourbis aux toits de chaume posés sur des murs en pisé.

Les rues étroites, tortueuses et sordides, encombrées par les piétons et les Arabes, poussant devant eux leurs ânes, leurs mulets ou chameaux chargés, allant ou passant sous la célèbre porte de la Marine, vers le port, se prêtaient difficilement à la circulation des voitures. Le besoin de moyens de *transport en commun* ne se *faisait pas sentir* sur l'*espace restreint où se condensait tout le mouvement.*

C'était l'époque d'une activité fiévreuse et suivant l'expression anglaise, le Struggle for life, dans toute son âpreté. Les premiers arrivés se logèrent comme ils purent ; l'hygiène était déplorable, les épidémies fréquentes, les morts nombreux. L'affluence des immigrants comblait les vides et, sous le soleil radieux, chacun, hypnotisé par le mirage du gain rapide, peu soucieux du choix des moyens, reprenait la course aux affaires. Fatalistes sans le savoir ! In schalla !!

Cependant Casablanca continue à s'affirmer comme cité commerçante, la plus active des ports marocains ; elle se développe avec une rapidité surprenante et son épanouissement subit, inconnu dans les colonies françaises, ramène la pensée vers les villes américaines du Far West auxquelles on peut la comparer.

En automne 1910 on vit *apparaître la première voiture de louage.* Grâce à elle on pouvait faire le tour des remparts de la ville en suivant de petits chemins poussiéreux et en franchissant les touffes de palmiers nains.

Les camps militaires, l'usine Veyre et le Café Glacier marquaient alors les premiers jalons de la ville nouvelle s'extériorisant des anciens remparts. Les événements de 1911, occupation de Rabat-Salé, Fez, Meknès; ceux de 1912 Marrakech-Fez et l'organisation définitive du Protectorat, la pacification générale du pays accrurent, au-delà de toute limite, l'arrivée des Européens à Casablanca.

La vieille ville fut délaissée et la nouvelle cité se bâtit fébrilement. A la fin de 1915, ainsi que nous l'avons établi dans nos tableaux de statistique qui précèdent; le front de mer atteignait 8 kilomètres, l'espace couvert occupait 500 hectares, sur une superficie de 2.450 hectares. Le nombre des habitations s'élevait à 5.840. La population arabe et européenne corps d'occupation ajouté, comprenait 86.000 habitants.

Aucun plan d'ensemble n'avait présidé aux constructions. Les maisons s'élevaient au hasard et suivant le caprice des propriétaires. Il en résulta une confusion telle que l'élaboration d'un premier projet d'extension de la ville naissante s'imposa et fut approuvé par les services municipaux. Les rues, les boulevards furent tracés et simultanément on eut recours aux mesures urgentes de voirie et d'hygiène dont le programme se poursuit sans arrêt.

Ce fut aussi la période mémorable des spéculations sur les terrains et il est nécessaire de fixer ici, les fluctuations qui en résultèrent.

Sur les grandes artères le prix des terrains oscillait, en 1913, dans la partie la plus rapprochée de la ville arabe, de 50 à 100 francs le mètre carré.

Autour des remparts le mètre carré se payait de 150 à 250 francs atteignant, pour certains lotissements exceptionnels, jusqu'à 400 francs le mètre carré.

Dans la ville indigène, dans l'ancien quartier européen les prix des terrains se maintiennent à de très hauts prix.

Sur le boulevard circulaire qui, partant de la future gare des chemins de fer marocains, décrit un vaste demi-cercle de 7 kilomètres, recoupant sur son parcours la route de Mazagan et le boulevard de l'Horloge, parallèle à l'avenue du général Drude, le terrain s'est payé jusqu'à 400 francs en bordure de ce nouveau boulevard.

Aussi, le nombre des constructions qui se bâtissent de tous côtés, jusqu'à trois kilomètres des remparts, n'a pas encore influé sur le prix des loyers dont le taux est très élevé. De petits logements, non meublés, se louent couramment 150 francs par mois ; et un appartement composé de quelques pièces jusqu'à 500 francs et plus ; l'afflux des nouveaux arrivants faisant prévoir des prix encore plus élevés.

Les bénéfices réalisés furent considérables, mais comme l'a dit M. Terrier : « la spéculation est une « sorte d'accident presque fatal au début de « chaque colonisation, ce n'est point la règle « normale, ce n'est déjà plus le présent et ce « n'est pas l'avenir. »

Ce bond prodigieux, cette évolution inespérée, disait M. Ch. René-Leclerc en août 1915, ont permis au Protectorat de réaliser une œuvre encore plus inattendue : une grande exposition nationale à Casablanca, *cela en pleine guerre européenne*.

« Il est des rêves, ajoutait-il, très nets, presque

lucides, dont on ne sait dire à son réveil s'ils sont une réalité ou une songerie. Lorsque Casablanca m'apparut en 1904, dans son mirage de vieille ville marocaine; écroulée au milieu de ses décombres fumants en 1907 ; petit port colonial en voie de prospérité en 1910 ; puis quatre ans après, vastes chantiers de construction et de voirie, je me demande s'il existe dans le monde, une ville, un pays où il eut été possible de couronner l'œuvre gigantesque qui fut accomplie ici, par une Exposition. Ce qui aurait paru, ailleurs, un rêve, une utopie, devient réalité au Maroc. On ne sait ce qu'on doit le plus admirer, du si court espace de temps qui nous sépare d'un Maroc fermé à l'Européen ou de la décision qui a fait naître cette manifestation si française, qui ne pouvait mieux marquer d'une pierre blanche un réveil aussi rapide ».

On ne saurait mieux dire.

Nous fûmes les témoins participant au succès inégalable de cette Exposition dénommée, à juste titre, « Exposition de Combat ». Cette victoire économique aura une portée considérable dans l'histoire de l'évolution du Maroc ; elle donne au monde une preuve de l'extraordinaire force d'expansion de l'activité française, et couronne glorieusement la politique de pénétration pacifique à laquelle l'œuvre du Général Lyautey emprunte son plus brillant éclat.

Pendant la durée de cette Exposition nationale, il nous fut possible de suivre journellement, d'étudier et de fixer les grands courants de la circulation urbaine et de constater que, si les services des voitures de place et automobiles sont prospères, le grand public n'avait à sa disposition peu ou pas de moyens de transport en commun, rapides et à bon marché. Aussi, sous ce climat torride, où la marche est un effort pénible, chacun appelait-il de ses vœux répétés la création de lignes de tramways reliant entre eux les quartiers de la périphérie de la ville nouvelle et ceux de la vieille cité. Mais il fallait attendre l'adoption définitive du plan d'aménagement de Casablanca, dont le projet Prost a magnifiquement tracé l'avenir.

Un plan d'aménagement d'une ville à créer ou à transformer constitue une œuvre hérissée de difficultés résultant tant de la situation topographique et climatologique que du heurt des intérêts commerciaux, industriels ou privés, qui peuvent se trouver souvent augmentés ou diminués, lésés, au point d'être parfois anéantis.

Le nouveau plan de la ville de Casablanca a tenu compte, dans la création des avenues, boulevards et rues, des nécessités actuelles de la vie industrielle et sociale. Il a prévu que l'on ne pouvait déplacer le centre commercial d'une ville sans qu'il ne soit porté de graves préjudices aux droits acquis, aux habitudes prises. Il a respecté les centres d'attraction les uns fonctions des autres.

Actuellement, le point de rencontre, confluent des divers courants de la circulation générale, se trouve fixé sur la place de France, au lieu dit : l'Horloge. Grâce à d'habiles dispositions, le centre Casablanca sera repoussé à quelques centaines de mètres : place des services administratifs.

Les dégagements prévus maintiendront et faciliteront sur la place de France, la circulation intense des piétons et le surélargissement des chaussées permettra l'installation des tramways électriques dont Casablanca réclame la mise en service.

Avant de donner la description des différents secteurs de la ville de Casablanca nous pensons utile de tracer un rapide aperçu des mœurs et habitudes qui régissent la circulation et le repos des habitants de la cité européenne et de la Medina arabe.

LES ARABES. MŒURS. COUTUMES. FÊTES RELIGIEUSES

Mouvement dans Casablanca

§ 1

Actuellement, il n'existe pas à Casablanca de gens retirés des affaires, vivant de leurs rentes ; ce n'est pas encore un centre d'études intellectuelles ! C'est la ville commerçante, celle où l'on se rend pour gagner de l'argent. Aussi, l'organisation industrielle a-t-elle prédominé et régenté les mouvements de la circulation urbaine qui sont aussi fonction des habitudes commerciales des indigènes et du climat.

§ 2

Jusqu'à présent la ville de Casablanca ne s'est pas prêtée aux séjours de villégiature, le nouveau plan de la ville a comblé cette lacune et il y a lieu d'espérer que les oisifs, les malades se rendront, nombreux au Maroc pour profiter, en hiver, de son climat exceptionnel.

CIRCULATION HORAIRE DANS CASABLANCA

Ce n'est sans quelque surprise que l'on constate l'absence de tout mouvement à l'heure précédant le lever immédiat du jour, alors qu'en France la rue est déjà emplie d'animation.

En principe, l'indigène habitué par la loi coranique à réintégrer son gourbi, sa nouala ou la kasbah avant 9 heures du soir circule peu la la nuit dans les villes. Mais il ne se couche pas pour cela de bonne heure. Sur les terrasses il profite de la fraîcheur : on entend, on devine les réunions de couples nombreux, heureux peut-être... aussi, l'arabe se lève-t-il tard.

LE 14 JUILLET A RABAT.

Photo Schmitt

Fig. 14 — Remise de décorations en présence du Sultan.

Fig. 15. — Une Revue sous la pluie par le Général Gouraud à Casablanca.

Vers 5 h. 30 du matin on voit les premiers indigènes gagner d'un pas silencieux et rapide le chantier, l'usine ou le port ; les charrettes, arabas, camions apparaissent ; les marchés s'ouvrent pour l'approvisionnement ; les navires, les usines au son de leurs sirènes hâtent l'arrivée des travailleurs ; à 6 heures du matin Casablanca s'éveille.

Au flot écoulé des artisans succède la circulation nécessitée par les besoins domestiques : ce sont les petits mercantis chariant les denrées alimentaires, poussant des cris, des appels retentissants ; c'est le porteur d'eau, l'arabe offrant des volailles, etc. Il est environ 7 heures, sur les places publiques autour des garages d'automobiles, d'autobus, dans les gares des chemins de fer militaires se groupent les nombreux voyageurs attendant le départ dans les directions de Rabat, Meknès, Mazagan, Marrakech, etc., et la chaleur monte faisant perler au front les premières gouttes de sueur.

Vers huit heures, les boutiquiers, les commerçants, qui ont dû se plier aux habitudes horaires de la clientèle, consentent à entr'ouvrir les volets de leurs magasins et la vie va battre son plein.

De huit heures à midi la circulation est particulièrement intense, très importante dans les rues de la ville arabe, la place de France, le Port, le marché. Ce sont les heures les plus chargées de la journée : gens affairés, ménagères diligentes, arabes poussant leurs mulets chargés, embarras de voitures, d'autobus, cochers s'injuriant et l'activité se fait sentir sur toutes les voies et artères de la grande ville.

De midi à 2 heures, tout est fermé : magasins indigènes ou européens, banques, comptoirs, pharmacies, seuls restent ouverts les hôtels, les restaurants, les cafés : c'est l'heure de la sieste.

Après deux heures, la rue se peuple, s'emplit peu à peu, la foule devient pressée, mais combien différente de celle de la matinée, émaillée qu'elle est par d'élégantes toilettes et le charme de magnifiques enfants souriant à l'avenir. C'est l'heure de la promenade, des visites, résultant de ce besoin bien réel de vivre à l'européenne.

Entre 6 heures et 7 heures, c'est le retour des ouvriers sortant des usines, des chantiers, des établissements industriels, des magasins, et cette foule, marchant à pas pressés, se croisant dans toutes les directions, donne l'impression de la force, de l'énergie, de la vitalité qui anime Casablanca commercial.

Après 8 heures du soir se dessine un nouveau mouvement, c'est l'heure où l'on flâne ; on va se distraire, on se rend au théâtre, cinéma et autres attractions qui sollicitent plaisir et curiosité.

A onze heures, cafés, théâtres, concerts, cirques ferment leurs portes et bientôt ce ne sont plus que gens attardés rentrant chez eux, accompagnés de serviteurs s'il n'y a pas de voitures.

A Casablanca, on circule assez peu la nuit car la police nombreuse et vigilante ne peut suppléer au manque d'éclairage des rues et difficilement parer aux incidents qui menacent les noctambules impénitents.

A minuit Casablanca sommeille et la fraîcheur des nuits succédant à la chaleur impitoyable d'une grande journée, permet à l'européen, sous cet heureux climat, de reprendre force et courage pour le labeur du lendemain.

Marchés dans la Ville de Casablanca

Quartier arabe. — Dans la ville arabe les marchands sont groupés, comme dans tout l'Orient, selon la nature des marchandises.

Les petites échoppes se succèdent serrées les unes contre les autres. Chacun des souks porte le nom des produits qui s'y débitent : les négociants forment corporation ayant à sa tête un Amin désigné par ses pairs et agréé par le Maghzen. Dans certains recoins sont réfugiés les bric à brac, les raccommodeurs de babouches ; et l'amateur de pittoresque trouvera à satisfaire sa curiosité s'il sait maîtriser ses nerfs olfactifs.

Ville européenne. — Il existe à Casablanca un grand marché, situé à l'intersection de la Place de France et de la rue du général Drude, aménagé suivant les règles d'hygiène sévère et bien appliquée.

L'approvisionnement en légumes, denrées alimentaires, volailles, œufs, fruits est fait principalement par les Arabes venant du Bled ; la viande de boucherie, la charcuterie sont fournies par des

LES INDUSTRIES MAROCAINES.

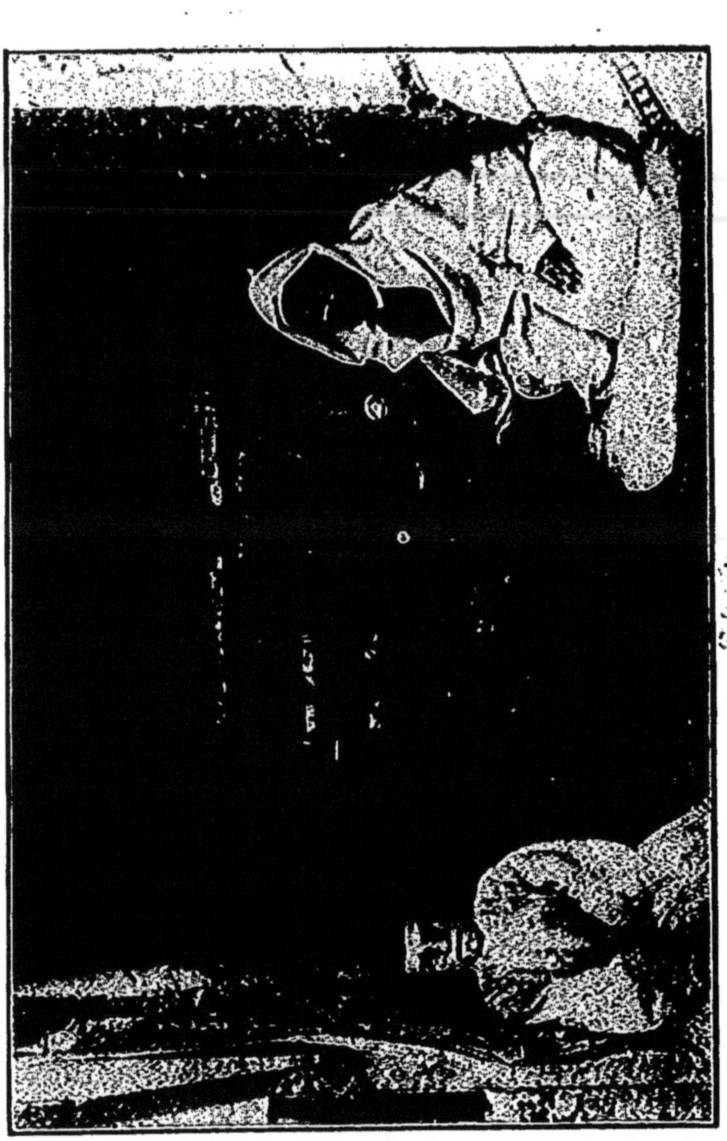

Photo Schmitt

Fig 16. — La bimbeloterie et la bijouterie.

commerçants européens ou arabes, le poisson qui provient pour la plus grande partie de la baie de Fedhala est apporté par les pêcheurs espagnols.

Ce grand marché ouvre ses portes à six heures du matin ; mais, la clientèle européenne ne se montre qu'après huit heures ; vers neuf heures la foule des ménagères est compacte. Les achats terminés, elles se hâtent vers le logis lointain traînant à leur suite de petits arabes, véritable corporation charriant pour quelques guirchs et sans faiblir sous la chaleur torride, les lourds paquets de provisions.

Nous ne saurions passer sous silence cette institution des petits porteurs arabes, car elle constitue l'un des symptômes des plus utiles pour diagnostiquer, par suite de son activité même, la nécessité de la création de moyens de transport en commun. Elle est innombrable la foule de gamins, ouleds, mouchachos qui s'offrent au client pour porter les paquets jusqu'au domicile, cirer les bottes, faire avec précision les commissions les plus diverses, crier les journaux du Maroc *La Presse*, *La Vigie* et ceux de France, garder les chevaux, les voitures, les automobiles, etc., etc.

Le gamin de Casablanca, âgé de huit à douze ans, est très futé, gavroche, il connait les mots français usuels, il est alerte, ses réparties sont souvent spirituelles. Il est courageux et le prouve lorsqu'il s'agit de conquérir — à coups de poings — sur ses congénères, la clientèle de l'Européen.

Autrefois, les batailles étaient fréquentes et souvent assailli, entouré, tiraillé, on se trouvait obligé de sévir énergiquement pour se débarrasser de leurs importunités.

La police a mis de l'ordre, et la réglementation a consisté à organiser cette armée lilliputienne en un corps de commissionnaires autorisés avec plaque numérotée, très voyante. Groupés à l'entrée du marché ils attendent le client et marchent à tour de rôle. Telle est la force des coutumes corporatives au pays de l'Islam que ces petits porteurs se sont disciplinés et obéissent, sans trop discuter, au jeune chef gardien de l'insigne de commandement... la matraque.

Les cireurs, par imitation, se sont réunis par petits groupes et l'on est moins exposé qu'autrefois à répéter sans cesse balek, sir, balek.

Si l'on réunit le coût de l'impôt *je dirai de cir-*

culation, prélevé sur l'Européen de Casablanca par les multiples transformations du gamin arabe on doit rester bien au-dessous de la réalité en l'estimant à 300 francs par jour.

Il existe dans la rue du Commandant Ihler un autre marché pour les produits de consommation spécialement les légumes, les fruits. Ce sont des Espagnols qui occupent les cases de marchands et sont les grands importateurs.

En dehors de la ville arabe se tient un autre marché indigène situé sur le rempart entre la mosquée de Sidi-Beliout et les magasins des douanes chérifiennes.

Enfin le marché aux bestiaux occupe un vaste espace entouré de fils de fer situé sur un coteau voisin de la route de Mediouna. Chaque semaine, les mercredi et vendredi, ce champ de foire est ouvert et il s'y fait de nombreuses transactions.

Fondouks

Les négociants en gros euopéens, juifs ou arabes sont établis dans de vastes entrepôts dits Fondouks. Les Fondouks se composent de grandes cours rectangulaires entourées de hauts murs où les animaux de charges, chameaux et mulets, sont parqués. Sur l'un des angles ou en façade, est construit un bâtiment, quelquefois avec un étage, divisé en chambres ou cases. Cette construction fait face aux vastes magasins où les marchandises les plus diverses : céréales, sucre, etc. sont réunies soit pour l'envoi à l'intérieur du pays, soit pour l'exportation.

Ces Fondouks sont principalement répartis sur la section partant de la Place de France, se continuant sur la rue du général Drude et la route de Médiouna. C'est, en fait, la route suivie par les caravanes venant de l'intérieur du pays pour se rendre au Port de Casablanca.

On pourra se faire une idée de la foule énorme de bêtes et de gens qui se croisent, arrivent ou partent, lorsque l'on aura lu que la moyenne des arrivées journalières est de plus de 800 chameaux chargés, cela pendant la période de battages. Pendant son séjour à Casablanca l'Arabe vend ou échange sa marchandise contre les productions de l'industrie indigène ou européenne ; il est, pour cela, contraint de se déplacer fréquemment, d'aller

LES INDUSTRIES MAROCAINES.

Photo Schmitt

Fig. 17. — Un tisserand.

« en ville » ; aussi l'avenue du général Drude présente-t-elle une animation très grande aux heures favorables réglées par les coutumes commerciales.

Autour des Fondouks, faisant concurrence à ceux installés dans la ville arabe, on a créé les attractions les plus diverses car, si l'Arabe vaque à ses affaires il est aussi amateur du plaisir. Dans la vieille cité il y a les hôtelleries, des musiciens, des danseuses et le temps se passe agréablement... dans ce paradis de Mahomet en attendant le jour de départ pour le bled.

La route de Médiouna prolongée par la rue du général Drude, la Place de France, les rues de la ville arabe ou le Boulevard du 4e Zouave, vers le Port, doit être considérée comme l'artère la plus vivante de Casablanca.

Fêtes principales de l'année chez les Arabes

L'année musulmane se compose de 12 mois mais plus courts que les nôtres, soit 10 à 12 jours par an, de sorte que les fêtes se déplacent progressivement par rapport aux saisons.

Le premier mois de l'année, « El-Achour », est un mois de deuil, de jeûnes durant lequel on visite les tombes; mais, l'Aumône « Youm-Achour » est de rigueur. Les serviteurs sont récompensés, on fait des cadeaux aux enfants, car il est dit que l'abondance régnera chez le donateur généreux. La fin de cette période est marquée par des fêtes, l'Ancera. On allume de grands feux sur les terrasses, réminiscences du feu que Moïse aperçut sur le Sinaï, on promène dans la maison des lanternes, on fait des visites et comme au jour de l'an ou au mardi-gras en Europe il y a des cortèges, des travestissements. Deux mois après l'Achour vient le Rabia ou mois du « Mouloud ». Ce mois, considéré comme une période heureuse, est annoncé au peuple par le canon.

Le Mouloud est la fête du Prophète. C'est l'époque choisie pour la circoncision et aussi le moment de la procession des Aissaouah. Le septième jour on offre des présents « hedia » aux saints; qui se succèdent : la célébration de l'Elévation ou Lettat el Mirardy qui est remarquable par l'immolation de nombreux animaux dont la chair est offerte au peuple ou aux pauvres. Enfin c'est la fête de l'Arbre des destinées humaines.

Le Rhamadan est annoncé aux croyants par des

salves de 101 coups de canons. Il a été souvent décrit; ce ne sont qu'abstinence rigoureuse le jour et beuveries la nuit. Parmi ces réjouissances il faut distinguer le Doul-Kaida, fête de la Puissance. La période du Rhamadan est clôturée par l'Aid-Seguir.

Le dernier mois de l'année voit se célébrer le Doul-Adja, puis la Fête du Mouton « Aid-el-Kébir » rappelant le sacrifice d'Abraham et en ce jour il n'est pas d'arabe riche ou pauvre qui ne mange du mouton. Le sacrifice du mouton se fait sur les marches d'un marabout entouré de la foule immense ; la bête à peine égorgée est saisie par un cavalier qui l'emporte au triple galop, sans souci de la foule, jusqu'à la demeure du Pacha qui en reçoit l'hommage. Si la bête est encore vivante, la foule enthousiaste salue l'horoscope heureux d'une année d'abondance, par contre ce sera une année de disette, de malheurs si le mouton a trépassé malgré la vitesse et l'adresse du cavalier.

Les Arabes ne se privent pas volontiers des joies de ces fêtes, il ne serait pas habile de les contrecarrer car le Coran a prévu que durant les mois les plus importants Achour, Rajab, Ramadan, Doul-Kaida, Doul-Hadja les Arabes doivent faire trêve de querelles et ne pas combattre entre eux.

Le jour de repos de la semaine arabe a lieu le vendredi.

LES ISRAÉLITES, LEURS COUTUMES ET FÊTES

Les Juifs de Casablanca descendent-ils des israélites ayant suivi les colonnes romaines, ou bien de ceux établis au Maroc dès le IXe siècle, époque où l'un des leurs joua auprès du sultan le rôle de Joseph en Egypte ? Proviennent-ils des familles juives expulsées d'Espagne et du Portugal au XVe siècle ? Peu importe, mais il est constant que depuis des siècles, ils sont établis à Casablanca, y croissent et se multiplient.

Quelques années seulement, nous séparent de l'époque où, opprimés, enfermés dans le Mellah, dont toutes les maisons étaient peintes en bleu, ils vivaient dans la partie de la ville arabe (Medina) située entre la porte de Marrakech et Bab es Souq.

LES INDUSTRIES MAROCAINES.

Fig. 18. — Un potier.

Lors des révoltes locales ou de l'envahissement de la ville par les tribus, les quartiers juifs eurent à subir de fréquents pillages. Nous n'avons pas à écrire l'histoire de ce peuple toujours pourchassé, toujours présent.

En 1907, lors des événements de Casablanca, la foule des Arabes, après avoir pillé les quartiers européens, se jeta sur le Mellah. L'extermination fut cruelle mais non complète, car de 5.000 qu'ils étaient à cette époque on en retrouve à l'heure présente plus de 10.000 y compris le contingent de coreligionnaires venus d'Algérie, de Tunisie ou d'Europe pour grossir leurs rangs décimés.

Sous le régime de liberté du Protectorat, de méprisables et méprisés qu'ils étaient sous la domination Maghzen, les Juifs ont présenté des personnages notables. Autrefois serviteurs, employés, ils sont devenus les associés des Européens et l'on peut citer chez eux des fortunes immobilières dont l'origine ne remonte pas à plus de cinq années.

A Casablanca, comme partout, les Israélites furent les premiers intermédiaires entre l'indigène et l'européen. Il n'est pas de maison de commerce qui n'ait au moins un Juif à son service pour préparer, triturer, faire aboutir les affaires avec les Arabes. Prodigieusement habiles, effrontés sans scrupules, ils utilisent le profond mépris de l'Arabe à leur égard. Si le roumi voit se baisser, devant lui le voile des femmes arabes ; si l'entrée du gynécée lui est formellement interdite, le Juif lui, trouve accès dans les gourbis et dans les palais. Il va, vient, vend sa camelote sans souci de quelques coups de plat de main sur la nuque, si son audace a dépassé les limites ou simplement déplu.

L'Arabe, conséquent avec lui-même, ne se préoccupe pas de la présence du Juif auprès des femmes, car il ne le considère pas comme un homme... et, souvent, il s'étonne de notre facilité à l'admettre dans nos relations amicales.

Les Juifs, depuis la conquête, habitent où bon leur semble et le Mellah n'est plus qu'un quartier dont le nom n'implique aucune obligation. Ils sont bijoutiers, échoppiers, camelotiers, ferblantiers habiles, banquiers et parmi eux se classent de grands industriels et commerçants.

Ils se rendent dans les souks les plus reculés

de l'intérieur, trafiquant, échangeant, achetant les orges, les blés, les huiles, les laines, etc., etc. et, tout en s'enrichissant, ils ont rendu de grands services à l'œuvre de pénétration française dans l'empire chérifien.

Fêtes principales des Juifs

L'année juive débute vers le mois de septembre par le Yom-Kippour, le carême. Dans le même mois a lieu la fête des Tabernacles qui commémore les quarante années que le peuple juif passa dans le désert, elle dure sept jours.

Le Pourim (14e jour du 6e mois Adar) rappelle l'échec des desseins du roi Hamon contre le peuple juif. En cette occurrence, tout israélite mâle doit verser une obole pour les pauvres, entre les mains du Rabbin ou du chef du Mellah, le Mâmad.

Enfin les Pâques juives ont une durée de huit jours, les boutiques sont fermées et tout travail cesse ; curieuse coutume, il ne peut être célébré aucun mariage entre le jour de Pâques et la Pentecôte juive.

Le jour de repos de chaque semaine est le samedi, le Sabbat religieusement observé.

En ces jours solennels rien n'est plus intéressant à observer que leurs théories familiales circulant en foule pressée sur les places, les grandes avenues, où leurs femmes non voilées, parfois fort belles, étalent leurs plus beaux atours, leurs bijoux les plus riches, obéissant ainsi au geste, au besoin ostentatif de leur race. Ils furent les clients les plus assidus de l'Exposition de Casablanca où l'Alliance israélite avait installé une section remarquable.

Fêtes catholiques

On est assez surpris de ne pas rencontrer de religieuses ou de prêtres français au Maroc. En effet, et nous ne savons trop pour quelle raison, les cérémonies du culte catholique sont confiées, exclusivement, aux moines espagnols : les Rédemptoristes, qui dépendent de l'évêque espagnol de Tanger.

Les Protestants ont, cependant, leur temple, leurs ministres et tout se passe comme en France.

Au repos dominical viennent s'ajouter les jours de fêtes ecclésiastiques ou nationales.

Il en suit que suivant les origines et les races les jours de repos se répartissent ainsi :

1° Européens catholiques, le dimanche.

2° Juifs, le samedi.

3° Musulmans, le vendredi.

A ces jours de repos s'ajoutent les périodes de solennités ci-dessus décrites.

Pendant les jours de repos ou de fêtes, les Arabes, les Juifs circulent activement et il y a lieu d'estimer que ce mouvement sera très profitable à la recette des lignes de tramways.

En ajoutant à ces jours spéciaux, les dimanches et fêtes européennes on peut compter sur une recette importante pouvant s'évaluer par l'application d'un coefficient de 30 0/0 au-dessus de la moyenne de la circulation quotidienne.

CHAPITRE IV

VILLE DE CASABLANCA

DESCRIPTION DES DIFFÉRENTS SECTEURS. — RÉSEAU DES LIGNES DE TRAMWAYS

Le projet étudié en mai 1916 dessert les divers secteurs de la ville de Casablanca.

Sa longueur maxima, voies d'usines comprises, sera de 18 k. 500. Le système de traction adopté est la traction électrique par fil aérien.

Le Réseau des tramways se divisera en deux parties :

1° Lignes principales ; 2° lignes complémentaires.

Toutes ces lignes auront pour origine un point situé près du grand port, centre d'attraction par excellence. Mais la zone pratique des arrivées et des départs sera comprise entre la place de

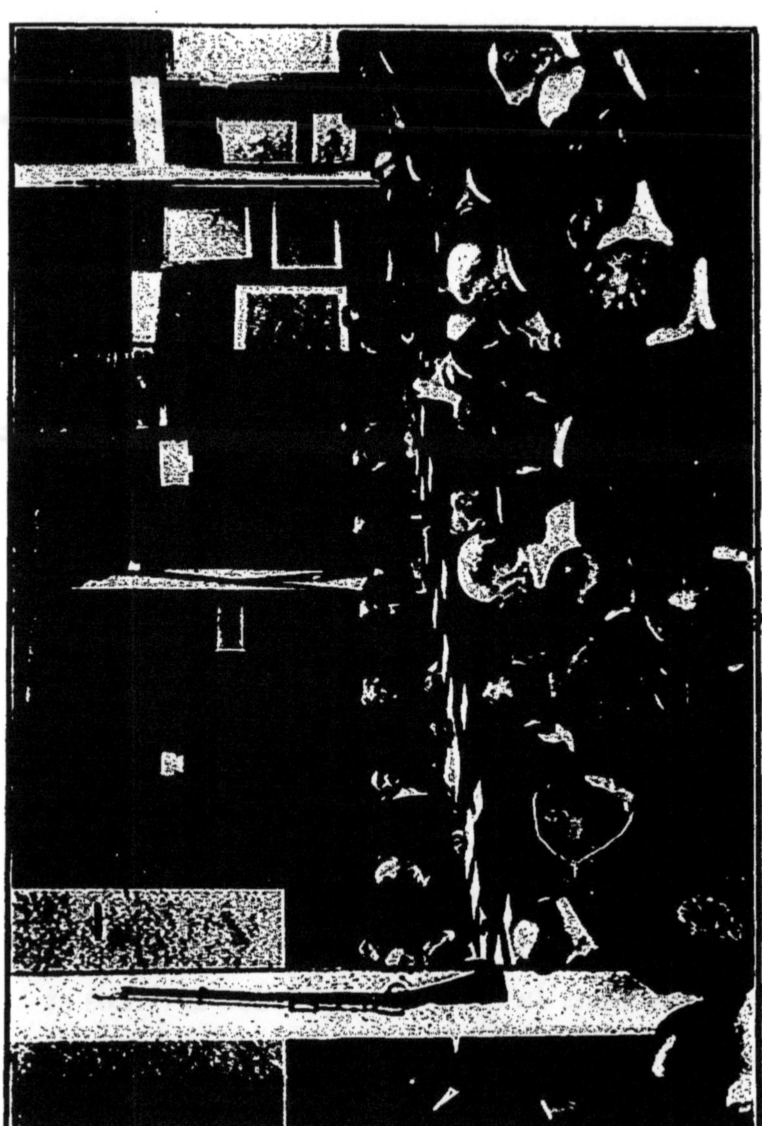

Photo Henri Manuel

Fig. 49. — Une réunion du Comité des Etudes à Casablanca.

France, l'Horloge et la Mosquée de Sidi-Beliout.

Une étude spéciale déterminera l'emplacement des voies, croisements, boucles afin que la circulation soit assurée, toujours facile malgré le va-et-vient des tramways, voitures ou piétons.

Puis, s'ouvrant en éventail, les lignes ferrées desserviront les secteurs de Casablanca jusqu'à sa périphérie.

Le réseau principal comprendra les lignes à construire immédiatement parce qu'elles répondent à un besoin urgent et traversent les sections industrielles, commerciales, administratives autour desquelles les habitations se sont agglomérées.

Le Réseau complémentaire composé des lignes devant pénétrer les secteurs encore peu peuplés devra s'entreprendre après la mise en exploitation des lignes principales et au fur et à mesure des développements de ces quartiers.

Il en suit que la ville de Casablanca sera parcourue par les voies suivantes :

Réseau principal :

1° Ligne de Sidi-Beliout aux Roches-Noires.

2° Ligne de Sidi-Beliout à la route de Mediouna.

Réseau complémentaire :

1° Ligne de Sidi-Beliout, place des Services administratifs, Lycées (Mers Sultan).

2° Ligne de Sidi-Beliout au Lotissement Racine (Anfa).

3° Ligne de Sidi-Beliout, cimetière européen (El.-Hank).

Longueur totale y compris les voies d'usine, etc., 18 k. 500.

Il y a lieu d'observer que ces longueurs réelles seront modifiées par le système d'exploitation qui comporte des voies communes ou formant boucle. Il en sera tenu compte dans l'application des tarifs.

Données comparatives

Toutes les méthodes employées aux évaluations *de la circulation urbaine* par rapport à la *Recette* à attendre de l'utilisation des nouveaux moyens de transport en commun sont entachées d'empirisme et rien ne remplace en cette occurrence le bon sens, la connaissance des besoins d'une ville et il faut y ajouter, a dit M. Picard..., le flair !

Cependant, il est des certitudes contre lesquelles on ne peut s'inscrire : ce sont d'une part, les profits réalisés par les services de transport en commun, *à tarifs élevés*, telles les voitures de place et ceux plus modestes, les cars à chevaux, à tarifs moyens, précurseurs des tramways électriques.

En outre, il faut tenir compte du besoin inéluctable d'utiliser, journellement, l'arabe commissionnaire, l'arabe porteur et observer aussi que les zones urbaines, actuellement désertes, se peupleront dès que les lignes de pénétration en permettront l'accès facile. Nous ne saurions passer sous silence la part prise en France, à la construction de lignes de Tramways par les propriétaires de terrains à bâtir riverains de la zone d'influence de la voie ferrée. On a pu, par cette participation, se procurer les ressources utiles à la construction anticipée des lignes et provoquer un mouvement favorable à la mise en valeur de ces quartiers. Tel sera le cas des secteurs de Mers, Sultan, Anfa, El-Hank.

Enfin, en comparant, à l'aide des statistiques officielles, la population et la situation économique des villes similaires à Casablanca ; en prenant souci de suivre les causes qui firent naître le besoin de la création des moyens de transport en commun, on peut réunir, présenter non pas des arguments de discussion, mais établir que ce qui fût nécessaire ailleurs est devenu indispensable à Casablanca et possède autant de chances de succès.

Ceci sera mis en pleine lumière par l'examen de la circulation dans les différents quartiers de la ville de Casablanca que nous diviserons en secteurs correspondant aux lignes prévues pour les desservir.

SECTEUR N° 1

LIGNE DE SIDI-BELIOUT AUX ROCHES-NOIRES

LE PORT. — LA MOSQUÉE DE SIDI-BELIOUT. — LE CIMETIÈRE MUSULMAN

Le grand port sera constitué par deux colossales jetées. L'une, la jetée nord-ouest, en construction, sur laquelle s'enracine l'épi, se développera du côté du large par 1.900 mètres de longueur. L'autre, dite jetée transversale, mesurant 1.550

CASABLANCA.

Photo Henri Manuel

Fig. 30. — La douane.

mètres, partira de la plage, en face de la gare du chemin de fer militaire et, allant à la rencontre de la première, ménagera une passe de 250 mètres.

Le port compris entre les deux jetées mesurera 140 hectares. Son mouillage, même à basse mer, offrira des fonds de 10 à 18 mètres de profondeur sur une grande étendue.

Le petit port intérieur, avec quais et terre-pleins, protégé par les grandes jetées décrites ci-dessus, est limité :

1° Par une jetée ouest, « dite Epi », déjà achevée, qui mesure 220 mètres et prend naissance sur la grande jetée du large. Elle est située en face des dernières maisons de la ville du côté du Jardin Public.

2° Par une jetée est de 370 mètres qui se rattache au nouveau terre-plein de Sidi-Beliout. On a mis à profit les deux anfractuosités ménagées par la nature dans le plateau des roches à fleur d'eau qui constitue devant la ville une série de brise-lames naturels. Les bâtiments de la douane, les services de l'Intendance militaire, des engins de quai, des docks, des magasins en construction, complètent cette œuvre gigantesque légitimée par l'importance du trafic. Le port intérieur constitue un abri très suffisant pour les bateaux de faible tonnage, le matériel de l'aconage et les besoins immédiats du commerce.

C'est dans la darse ouest que sont aménagés l'embarcadère et le débarcadère des voyageurs partant, ou arrivant des ports étrangers ou français.

Passagers. — Le mouvement qui résulte de ces arrivées et départs est considérable. Ce sont les amis qui viennent attendre ou accompagner les passagers partant ou débarquant, ce sont les innombrables porteurs, les cochers, offrant leurs services pour le transport des bagages à domicile, puis les allées et venues nécessitées par les formalités en douane, à la Police, au Consulat. Démarches coûteuses par leur multiplicité et fatigantes car la distance à parcourir entre chaque service est souvent importante.

Marchandises. — Sur les quais de Sidi-Beliout, où sont déchargées, par les soins de l'aconage, toutes les marchandises qui subissent aussi l'examen des douanes, le mouvement est intense à certaines heures. Là, le temps est de l'argent, et chacun s'ingénie à faire diligence, pour revenir qui à son bureau, qui à son commerce ou son usine, souvent situés sur la périphérie. Cette foule pressée est assujettie aux mêmes embarras de circulation que les voyageurs dont nous venons de parler et il ne fait pas doute que ces commerçants, ces industriels utilisent fréquemment le nouveau moyen de translation rapide, bon marché et régulier.

Ouvriers du port. — Le recrutement des travailleurs, portefaix, bardeurs, barcassiers, etc., est assuré par des équipes de marocains. Ces gens, assez actifs à l'ouvrage, surveillés qu'ils sont par des chefs énergiques et souvent peu patients, ces arabes, dis-je, retournent à leur prime origine dès que la liberté leur est rendue. Partisans du moindre effort au soleil couché, ils regagnent leurs gourbis, flânant en route, curieux et observateurs silencieux de ce que leur œil investigateur a découvert de nouveau. Les Arabes ne marchent pas volontiers à pied. Surchargeant, sans pitié, de misérables bourriques du poids de leur personne, ils passent indifférents sous l'œil étonné de l'Européen fraîchement débarqué.

Cette masse constituera une clientèle importante pour les moyens de transport en commun et il n'est pas besoin de sortir de l'Afrique du Nord pour en trouver des preuves ; la circulation des tramways d'Oran, d'Alger, de Tunis est là pour nous renseigner.

Il suit de ce qui précède que le port sera le centre d'attraction par excellence, car tout y aboutit. On devra donc adopter les moyens les meilleurs pour favoriser le mouvement de cette foule en étudiant spécialement les périodes de calme relatif ou de mouvement intense.

La mosquée de Sidi-Beliout attire de préférence les Arabes le vendredi et le cimetière musulman reçoit de fréquents cortèges funèbres conduisant les décédés à leur dernière demeure.

On connait le culte du musulman pour les morts, sur les tombes desquels il vient souvent prier. Comme en France, l'expérience le prouve, il est des heures et des jours où la foule est compacte au point de nécessiter, parfois, un service spécial de tramways.

LES ROCHES-NOIRES

ROUTE DE RABAT, USINES, LA GARE DES CHEMINS DE FER MAROCAINS

La piste de Rabat Fedhala, Casablanca côtoyait l'Océan non loin des dunes. C'était l'unique route suivie par les nombreuses caravanes. La plage des roches-Noires était déserte ; sur cette région de sables et de rochers aucune habitation ne s'élevait. Seuls, y séjournaient les indigènes attendant l'ouverture des portes de la ville arabe.

Quelques années nous séparent, à peine, de cette époque ! A l'heure présente, tout un quartier s'est construit, sortant de terre vigoureux et pimpant, les arcades succèdent aux arcades ; la viabilité des rues, l'eau pure, les égouts ont été l'objet de travaux importants ; aussi, la population européenne s'est-elle portée de préférence dans ce secteur, venant s'ajouter à l'activité déjà considérable de la circulation indigène.

Cependant, la création de la nouvelle route de Rabat-Casablanca, destinée à améliorer le parcours de l'ancienne piste n'a pas favorisé ce quartier prédestiné et l'on peut, dès maintenant, apercevoir, constater même un détournement du courant de la circulation qui y régnait et nous nous permettons d'écrire que cet état de choses provoquera, assurément, une transformation remarquable de la qualité sociale de *l'habitant futur* de ce secteur.

Il ne fait aucun doute que la classe bourgeoise, les fonctionnaires, les commerçants, les industriels n'adoptent pour leur résidence personnelle les quartiers élevés et très sains de Mers, Sultan, Anfa, El-Hank lui-même lorsqu'ils seront desservis par des lignes de pénétration. Motivés par les mêmes causes, les villes d'Alger et d'Oran nous offrent des exemples frappants de ces exodes, sans que l'équilibre ait été rompu.

En effet, autour des gares, des ports, les usines se créent, les grands entrepôts se rapprochent et, prévoyant l'avenir, légitimant nos hypothèses, déjà se sont installés les premiers centres industriels, les usines de ciment et chaux hydraulique, poussant l'extension de Casablanca au-delà des Roches-Noires vers Aïn-Seba. Ce secteur des Roches-Noires retiendra la classe des travailleurs, population essentiellement mobile dont les tramways favoriseront les déplacements sur ce long parcours de près de 4 kilomètres.

D'autre part, le mouvement des voyageurs allant et venant à la gare centrale des chemins de fer de l'Etat marocain devra profiter à ce secteur où se trouve la ligne ferrée militaire appelée à disparaître ; car tous les gens venant soit de Rabat, soit de Marrakech devront échouer dans ce quartier avant de se disperser dans la ville de Casablanca. On peut dire que la ligne projetée se trouve aussi voisine que possible du second centre d'attraction après le grand Port, la Gare, la Plage.

LA PLAGE DES ROCHES-NOIRES

La plage des Roches-Noires restera très fréquentée bien qu'elle ne présente pas d'installations confortables et que sa sécurité pour les baigneurs ne soit pas exempte de critiques. Cette plage ne saurait être comparable à celle de Fedhala qui peut concurrencer la plus estimée de nos stations balnéaires européennes. Quoi qu'il en soit, de juin à fin septembre, les Roches-Noires sont le rendez-vous de théories nombreuses de baigneurs heureux de revivifier leurs forces et de profiter du répit des quelques heures de fraîcheur après les insolences d'un soleil brûlant. Cette masse de baigneurs emploie de préférence pour se rendre à la plage les voitures de place car les moyens de transport en commun se résument en de modestes cars Rippert à traction animale offrant au maximum 20 places, espaçant leurs départs à la demi-heure. Le service cesse à 6 heures du soir et de plus, il n'existe pas de places réservées aux indigènes. En ajoutant à la clientèle des gares, de la plage, celle de la classe des travailleurs, des commerçants nous pouvons prévoir, sur la ligne desservant ce secteur, un mouvement de circulation qui permet de la classer comme l'une des plus intéressantes du réseau casablancais.

SECTEUR N° 2

LIGNE DE SIDI-BELIOUT. PLACE DE FRANCE. MEDIOUNA

Cette ligne a pour origine le port de Casablanca. La ligne longe les murs de la ville arabe, la place de France, l'Horloge, le grand marché européen et, remontant l'avenue du général Drude puis la route de Mediouna. Elle dessert sur son parcours la série toujours accrue des magasins en gros, des usines métallurgiques, des entrepôts de marchandises de toutes sortes et enfin les Fondouks, dont nous avons décrit l'importance. Sur ce parcours favorisé par des centres d'attraction inéluctables, le Port, le Marché, la ville arabe, les services administratifs, etc., règne une activité, une circulation fiévreuse à certaines heures de la matinée.

Le défilé des voitures, automobiles, arabas, chameaux chargés, piétons indigènes ou européens est incroyable et, cependant, sauf les voitures de place, rien n'a été tenté pour capter ce courant de circulation intense. Cela tient à ce qu'il est matériellement impossible à tout système de transport autre que le tramway électrique de répondre et se prêter aux besoins si divers de la foule appelée à faire rapidement le parcours entier ou de s'arrêter alternativement qui, chez un usinier, qui chez un marchand, puis de retrouver, à quelques minutes d'intervalle, le véhicule toujours prêt, toujours accessible qui lui permettra d'aller plus loin, rapidement, à peu de frais.

Seul, en effet, un service de tramways à grande capacité, à départs fréquents, ayant des arrêts judicieusement espacés peut répondre à la marche en zig-zag, dirons-nous, de cette masse grouillante, toujours pressée.

Cette puissance de transport rapide bon marché n'ayant pu être atteinte par les moyens dont on disposait autrefois avait conduit à l'abandon de l'exploitation de ce secteur auquel nous pouvons accorder nos préférences.

SECTEURS 3, 4, 5

MERS. SULTAN. ANFA. EL-HANK

La situation merveilleuse de ces quartiers dominant la ville arabe, le port, la rade jusqu'à l'horizon du vaste océan dont les flots souvent bleus réveillent en nos cœurs le souvenir des rivages de France, sites prédestinés par l'altitude ne pouvaient échapper à l'attention, au talent de M. Prost, auteur de Casablanca futur. Aussi, sont-ils dotés de grands espaces libres, de larges avenues, de

CASABLANCA

Fig. 21. — Visite des Travaux du port.

Fig. 22. — Une vieille rue.

boulevards et rues sur lesquels tous les moyens de transport pourront s'installer, se croiser, circuler avec la plus grande facilité. C'est dans ces quartiers que seront créés, les Lycées de filles et garçons, les parcs accessibles au public, de frais ombrages, les restaurants où, aux jours de fêtes, la foule libérée de ses occupations viendra chercher le repos, le grand air. Ainsi, chaque année, peu à peu, retenant les éléments sélectionnés de cette masse de promeneurs, les secteurs se peupleront et demanderont un service régulier de tramways.

Actuellement il faut attendre cette évolution ! Cependant, en France, les propriétaires de terrains à bâtir riverains des lignes possibles de tramways contribuèrent à la création anticipée des voies ferrées. Il y a tout lieu d'espérer que l'initiative privée, qualité maîtresse du Casablancais, trouvera une occasion favorable de se manifester et d'accélérer par son concours financier la construction des lignes qui, rapprochant les quartiers de la périphérie vers le Centre, provoquera la mise en valeur des espaces libres matérialisant le rêve de Casablanca toujours prospère.

Conclusion

L'étude financière, technique et estimative, le régime d'exploitation, horaires et tarifs, par application de la Convention et du Cahier des charges ont fait l'objet de *rapports spéciaux* dont nous nous bornons à tracer un résumé succinct traduisant les conclusions favorables à l'établissement du réseau casablancais.

Il y aurait lieu de conclure en faveur de la construction immédiate du réseau général si l'expérience de l'exploitation des tramways ne nous avait enseigné que le mouvement des recettes n'était pas proportionnel aux longueurs kilométriques, souvent imprudemment appliquées. Aussi, la réalité des faits a-t-elle déçu en maintes circonstances, les espérances fondées sur les données les plus prudentes.

C'est pour ces motifs que l'on fut conduit à scinder la construction du réseau en deux parties afin de réunir, grouper toutes les forces vives constatées pouvant constituer, établir une quasi-certitude d'exploitation favorable.

La circulation dans la ville de Casablanca, telle qu'elle se conçoit, peut répondre aux prévisions de recettes destinées à rémunérer le capital de premier établissement aux conditions acceptées par la Convention et le Cahier des charges. Mais, il ne fut pas négligé d'observer que le rendement ainsi fixé répondait *aux résultats actuels des meilleures entreprises de tramways* dans l'Afrique du Nord : Tunis, Alger, Oran.

Statistique officielle des Tramways. Année 1892

	Oran	El-Biar	Colonne Voirol
Population. . .	123.083 hab.	Alger 172.397 habitants	
Longueur kilométrique . . .	18 kil.	7 kil.	9 kil.
Dépenses de premier établissement. . . .	3.963.770 fr.	1.064.737 fr.	5.223.624 fr.
Recettes . . .	850.000 fr.	287.431 fr.	1.678.898 fr.
Dépenses . . .	538.000 fr.	207.233 fr.	818.978 fr.
Produit net . .	312.162 fr.	80.198 fr.	859.920 fr.
Recette par kilometre-an . .	47.500 fr.	41.000 fr.	186.000 fr.

Nous retiendrons particulièrement les données

statistiques de l'entreprise d'Oran car elle offre une grande similitude avec le projet d'établissement des tramways à Casablanca.

La population d'Oran a suivi une période d'évolution croissante, mais proportionnellement moins rapide que celle de la ville de Casablanca :

En 1861 de 30.529 habitants indigènes ou Européens.

En 1872 de 40.254 habitants indigènes ou Européens.

En 1884 de 59.429 habitants indigènes ou Européens.

En 1895 de 80.000 habitants indigènes ou Européens.

En 1913 de 129.083 habitants indigènes ou Européens.

Les premières lignes de tramways d'Oran à traction électrique furent construites vers 1894-1895, la population ne dépassait pas 80.000 habitants et pendant les premières années les recettes furent stationnaires. Il fallait attendre, favoriser le mouvement intense qui résulta de la construction des voies ferrées dans la province d'Oran et les grands travaux d'agrandissement du port.

Là, aussi, la spéculation se mit à l'œuvre et cette ville qui servira de base aux futures lignes desservant le Nord-Est du Maroc n'est pas arrivée, encore, à son apogée.

Les mêmes phénomènes économiques vont contribuer au développement de Casablanca : les travaux du grand port, la construction des voies ferrées ouvrant à la civilisation les régions lointaines ; stimulant l'arrivée des Européens, toute cette agitation fébrile, certaine après la cessation des hostilités redonnera à Casablanca un nouvel élan conduisant à un accroissement vraiment considérable, car il n'y a pas à tenir compte du fléchissement actuel provenant de la période de guerre.

Si nous prenons Alger au moment de la construction de ses premiers tramways électriques nous décrirons les mêmes résultats constatés à Casablanca et à Oran.

Alger. — Le tramway électrique d'El-Biar à la place du Gouvernement dessert les tournants Rovigo, la Kasbah qu'il contourne pour suivre les plateaux jusqu'à son terminus. C'était, autrefois, le quartier élégant ! A l'heure présente, ce secteur d'Alger, toujours très peuplé, a vu l'exode de la population riche vers les nouveaux quartiers du Telemni, de Mustapha supérieur, la colonne Voirol, etc. D'énormes bâtisses se contruisirent, la spéculation fut ardente et les lignes de tramways qui pénétrèrent ces régions accidentées, désertes, firent de brillantes recettes.

La parité qui existe entre les éléments en comparaison provoque la réflexion suivante :

Les tramways d'Oran qui peuvent compter parmi les plus florissantes entreprises ont *mis 20 ans pour* atteindre ce que nous souhaitons comme résultat immédiat aux lignes de Casablanca et le développement de son réseau général se fit progressivement. Or, il est peu de lignes françaises qui aient pu donner pareil rendement si ce n'est le réseau d'Alger placé dans d'exceptionnelles conditions de vitalité.

Sans nous laisser entraîner plus loin qu'il ne convient par ces résultats, ces réussites, il faut les retenir et les proposer comme exemple d'audacieuse initiative, car il est de notoriété publique que les concours financiers nécessaires ne feront jamais défaut à Casablanca. Les recettes

Fig. 23. — Le Général Gouraud visite l'Exposition Marocaine au Musée des Arts Décoratifs.

Fig. 24. — Le Général Lyautey visite la foire de Fez.

du réseau oranais comportent un enseignement dont Casablanca doit tenir compte, c'est-à-dire : développer son réseau au fur et à mesure de l'accroissement de la population et le devancer, si possible, mais avec prudence et circonspection.

On a estimé à *10 fr. 50 par an* les dépenses faites par les habitants de Casablanca obligés d'utiliser les moyens de transport onéreux seuls à leur disposition : voitures, arabes commissionnaires, etc. La création des lignes de tramways, ramenant cette dépense annuelle à 3 fr. 50, permettra à toutes les classes de la Société l'accès, imposera l'habitude, l'obligation de se servir des trams à cause de la modicité des prix, de la fréquence des départs et de la régularité des horaires.

Les estimations ainsi raisonnées et réduites doivent se rapprocher des conditions réelles d'exploitation. Il en suivra que, toutes proportions gardées, les risques d'insuccès décroîtront alors que les chances de succès s'affirmeront, s'augmenteront de ce que le réseau aura été, à l'origine de l'exploitation, exonéré de zones immédiatement improductives.

D'autre part, nous ne saurions nier la quasi-certitude de bénéficier, sur les lignes du réseau principal des tramways ci-dessus défini, de la plus grande partie du mouvement de la population de Casablanca, vers les centres d'attractions, sur lesquels se reportent les efforts industriels, commerciaux et les besoins de la vie domestique et sociale.

En effet, les lignes composant le réseau principal, partant des Roches-Noires, desservent la Plage, la Gare des chemins de fer, le Cimetière musulman, la Mosquée de Sidi-Beliout, le Port, la Ville arabe, les Marchés, les grands magasins, les usines et entrepôts, les Fondouks de la route de Mediouna.

Faisant suite à ce premier réseau, les lignes complémentaires vers Mers-Sultan, l'Anfa, El-Hank viendront s'y ajouter plus tôt qu'on ne le pense car, dans ce beau pays, ce qui est mirage aujourd'hui, sera, demain, réalité.

Casablanca, entourée des Chaouïa dont nous avons signalé les richesses inépuisables ; Casablanca où aboutit, déjà, un merveilleux réseau de routes conduisant vers les grandes villes de l'intérieur du Maroc, s'allongeant jusqu'à Tanger et Oudjda ; Casablanca deviendra, sous peu de mois, tête de ligne des chemins de fer marocains à voie normale raccordés eux-même à son port immense.

Cité industrielle et commerciale de premier ordre elle devait célébrer son essor prodigieux en se consacrant à l'embellissement des sites prédestinés de sa périphérie : Mers-Sultan, Anfa, El-Hank. Le plan de M. Prost a tout réglé, tout prévu, et le réseau des tramways sur lequel circuleront de luxueuses voitures munies des derniers perfectionnements viendra apporter son concours indispensable au développement des nouveaux et élégants quartiers, sollicitant l'arrivée et le séjour de nombreux hivernants heureux de profiter de la douceur de son climat maritime.

Ainsi complétée, embellie, la grande cité maritime, industrielle et commerciale pourra se mesurer, rivaliser avec ses sœurs aînées de la côte méditerranéenne, Oran, Alger, Tunis, villes dotées de tramways électriques dont, au cours de cette étude, nous avons pu faire connaître la vitalité, la prospérité.

Les livres récents, les nombreux écrits sur le Maroc prouvent l'attirance de ce Bled d'aspect souvent revêche. Dans leurs récits ou études, les écrivains toujours bien documentés ont envisagé un avenir prospère ! Mais, ce qu'ils n'ont pu prévoir, c'est l'incroyable vitesse d'évolution par laquelle leurs espérances sont devenues réalité.

En traçant ces lignes, en décrivant Casablanca tel qu'il sera demain, nous redoutons à notre tour de n'évoquer que le passé et de mériter, en 1917, le reproche agréable adressé aux érudits de 1912 à 1915. Nos motifs de crainte sont légitimes car, en pleine guerre — 1916 — nous constatons que de nombreux missionnaires, agents industriels, prospecteurs ou autres se rendent en foule au Maroc pour préparer le réveil économique.

Des chefs d'entreprises, réputés entre tous, donnent l'exemple de l'initiative raisonnée et hardie à la fois. Ils créent des ports, des villes, des industries, des voies ferrées, soutiennent de leurs deniers, aident de leur influence d'intrépides pionniers..., ils ont foi dans l'avenir du Maroc, mais leur idéal est bien plus noble encore. Aussi, est-il permis d'adresser à ces ardents

protagonistes de l'expansion coloniale les paroles par lesquelles, en 1892, Jules Ferry saluait les Coloniaux :

« Au milieu de tant de gens qui ne croient à
« rien, ils ont foi dans la Patrie et dans la France.
« Ils l'ont plus que d'autres patriotes qui se
« figurent que notre Patrie devrait restreindre
« son horizon et, jusqu'à ce qu'elle ait reconquis
« sa gloire, vivre comme une veuve à son foyer,
« laissant passer l'histoire et se faire le destin
« du monde à côté d'elle, sans elle et contre elle ».

Paris, juillet 1917.

TABLE DES FIGURES

TABLE DES MATIÈRES

LAVAL. — IMPRIMERIE L. BARNÉOUD ET Cie.

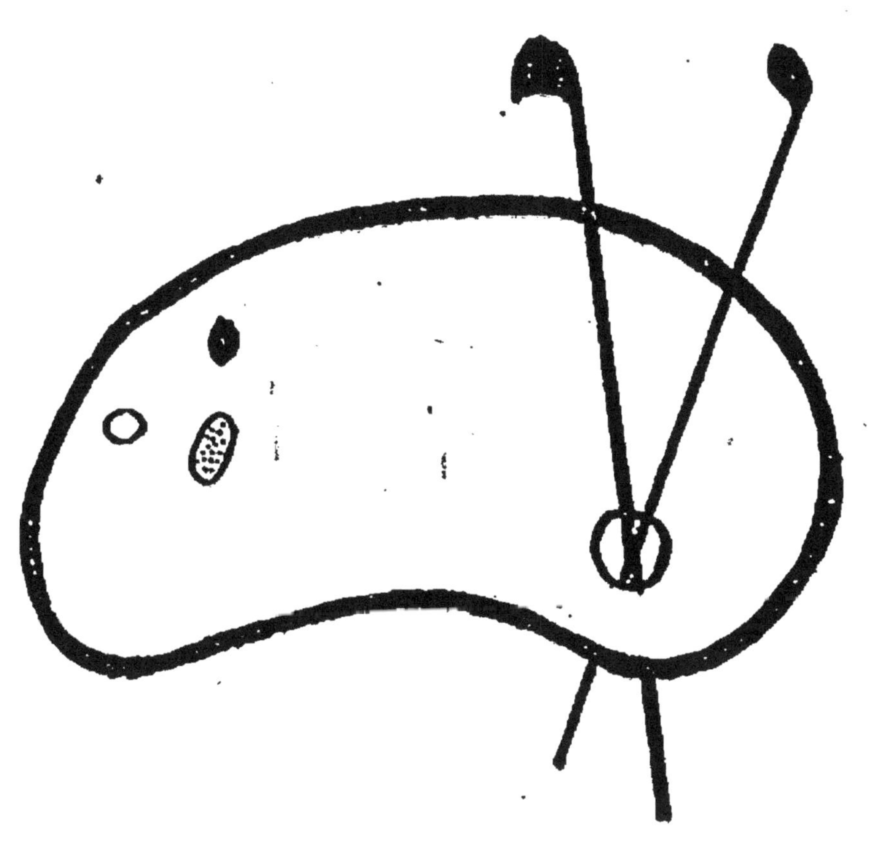

www.ingramcontent.com/pod-product-compliance
Ingram Content Group UK Ltd.
Pitfield, Milton Keynes, MK11 3LW, UK
UKHW020244250726
13967UKWH00004B/1515

9 782012 879935